첫 번째 아기 옷

첫 번 째
아 기 옷

다카하시 에미코 지음 최수진 옮김 문수연 감수

책밥

보송보송 저자극 수건으로
만드는 손바느질 아기 옷

첫 번째 아기 옷

—

2017년 5월 19일 1판 1쇄 인쇄
2017년 5월 26일 1판 1쇄 발행

—

지은이 다카하시 에미코
옮긴이 최수진
감수자 문수연
펴낸이 이상훈
펴낸곳 책밥
주소 03986 서울시 마포구 동교로23길 116 3층
전화 번호 070) 7822-2400
팩스 번호 02) 335-6702
홈페이지 www.bookisbab.co.kr
등록 2007.1.31. 제313-2007-126호

—

기획·진행 신보경
디자인 디자인허브

—

ISBN 979-11-86925-19-5 (13590)
정가 13,800원

책밥은 (주)오렌지페이퍼의 출판 브랜드입니다.

이 도서의 국립중앙도서관 출판예정도서목록(CIP)은 서지정보유통지원시스템 홈페이지(http://seoji.nl.go.kr)와 국가자료공동목록시스템(http://www.nl.go.kr/kolisnet)에서 이용하실 수 있습니다.(CIP제어번호: CIP2017011306)

손바느질은 바느질을 처음 접하는 분도 쉽게 배울 수 있어요.

이 책은 수건이나 손수건의 자투리 천을 활용하여

작품을 쉽게 완성하는 방법을 소개하고 있습니다.

엄마의 손바느질로 아기에게 첫 선물을 주세요.

태어날 아기를 생각하면서 행복한 시간을 보낼 수 있도록

한 땀 한 땀 정성껏 사랑을 담뿍 담아 바느질하세요.

-다카하시 에미코-

감수자의 글

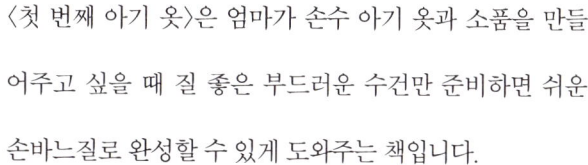

〈첫 번째 아기 옷〉은 엄마가 손수 아기 옷과 소품을 만들
어주고 싶을 때 질 좋은 부드러운 수건만 준비하면 쉬운
손바느질로 완성할 수 있게 도와주는 책입니다.

수건 자체의 마무리를 충분히 활용하여 시접 처리를 하는
수고도 덜어 주니 배 속의 아기를 위해 준비할 일이 많은
임신부도, 낮잠 자는 아기를 옆에 두고 짬을 내어 바느질
하는 엄마도 부지런히 활용할 수 있을 거예요.

-감수자 문수연-

차례

PART 1

60cm
누워 있을 무렵

PART 2

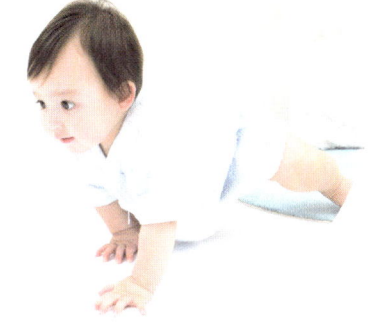

PART 3

사이즈와 아이템

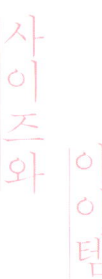

이 책의 작품은 시중의 수건이나 손수건의 일부분을 이용하여 간단히 만들 수 있습니다.
아기의 성장에 따라 준비해주고 싶은 아이템을 소개합니다.

60cm - 누워 있을 무렵(0~3개월 정도)

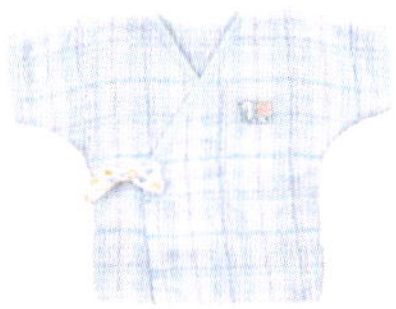
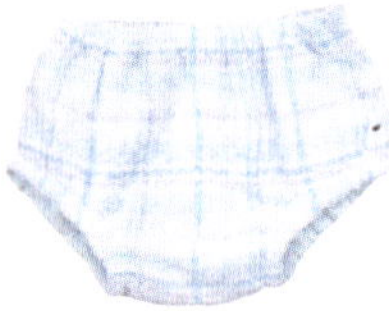

배내옷과 블루머 • 22p

| 0-9개월까지 |

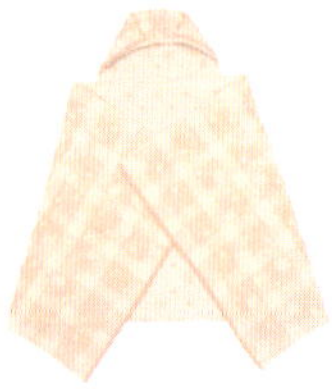

포대기 • 26p

베개 • 28p

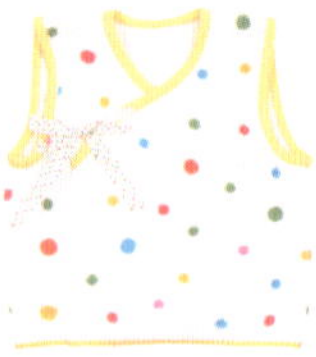

조끼 • 30p

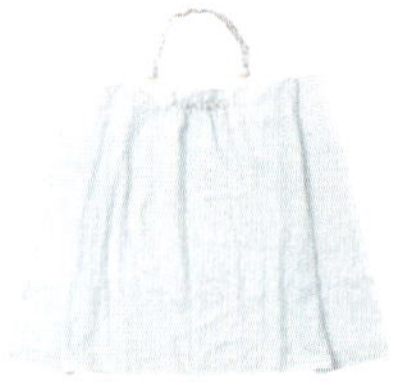

케이프 • 32p

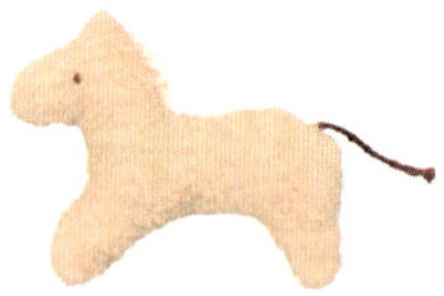
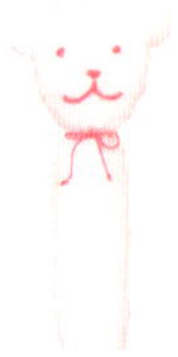

장난감 • 34p

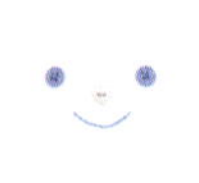

장난감 • 34p

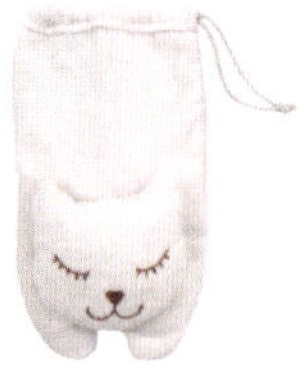

핫팩 케이스 • 38p

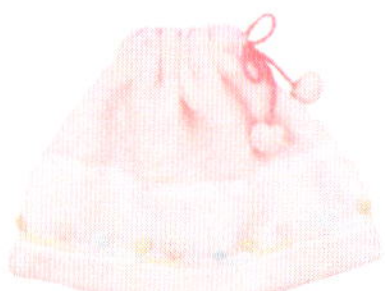
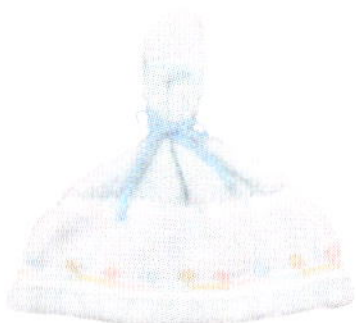

모자 • 40p

턱받이 • 48p

| 0~18개월까지 |

볼레로와 롬퍼스 • 58p

땀받이 • 62p

| 0~18개월까지 |

에이프런 • 64p

블라우스와 블루머 • 68p

| 기어 다닐 무렵~아장아장 걸을 무렵 |

그림책 • 78p

겉옷 • 82p

가운 • 85p

롬퍼스와 모자 • 96p

손바느질을 할 때 필요한 기본 도구는 바늘과 실과 가위입니다. 그 밖에 있으면 편리한 도구와 추천 재료도 소개합니다.

🌸 기본 도구

손바느질용 실

튼튼하고 매끄러운 폴리에스테르로 만든 손바느질 전용사입니다. 자수에는 손바느질 스티치 실을 사용합니다.

손바느질용 바늘

얇은 천부터 보통 두께의 천까지 잘 들어가는 가느다란 손바느질용 바늘. 길이가 짧거나 긴 바늘도 있으므로 자신이 쓰기 편한 바늘을 선택하세요.

방안자

가로·세로로 세밀하게 눈금이 표시돼 있어 시접이나 정바이어스를 정확히 그릴 수 있습니다.

줄자

치수나 패턴의 곡선을 잴 때 사용합니다.

재단 가위

천을 자르는 전용 가위. 24cm 정도의 가벼운 것이 사용하기 쉽고 손에 무리가 가지 않습니다. 천을 자를 때만 사용하세요.

소형 가위

세심함을 요구하는 작업에는 날 끝이 날카로운 작은 가위를 사용합니다. 가위가 잘 들지 않게 되므로 반드시 천 자르는 가위와 종이 자르는 가위를 구분하여 쓰세요.

원단용 수성펜

원단에 표시할 때 사용하는 필수품. 시간이 지나면 저절로 사라지는 타입, 물이나 지우개 펜으로 지울 수 있는 타입이 있습니다.

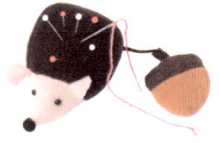

바늘꽂이(핀쿠션)

바늘을 꽂고 빼기 쉬운 안정감이 있는 것을 사용하세요. (사진은 바늘 연마기가 달려 있는 타입)

시침핀

천이 상하지 않게 잘 꽂히는 가느다란 핀이 좋습니다. 머리는 다리미 열에 강한 유리로 된 종류를 추천합니다.

실 끼우개

신속하고 간단하게 실을 끼울 수 있는 도구입니다.

끈 · 고무줄 끼우개

끈이나 고무줄을 주머니 입구, 허리 등에 신속히 끼울 수 있어 편리합니다.

미니 다리미

탁자 위에서의 작업을 방해하지 않는 편리한 크기의 다리미입니다. 작은 부분을 다림질할 때 사용하세요.

미니 다리미판

다리미판, 커팅매트, 표시판이 하나로 합쳐진 접이식 다리미판입니다.

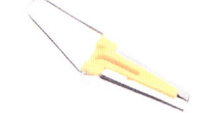

바이어스메이커

바이어스테이프를 직접 간단히 만들 수 있는 도구입니다. (사진은 12mm 폭)

끈바늘

손바느질 전용 스티치 실을 뜨개실로 사용하여 끈을 만들 때 씁니다.

※이 책에서는 완성 후 보이는 폭을 기준으로 사이즈를 표기했습니다.

고무줄

용도에 맞춰 굵기를 선택할 수 있는 부드러운 착용감의 고무줄입니다.

테이프

아기의 속옷 등에 사용하는 끈 테이프입니다.

프라 매직 스냅

하나의 면에 '후크'와 '루프' 양쪽 기능을 갖춘 매직테이프. 다리미로 붙일 수 있어 편리합니다. 일본 제품으로 국내에선 벨크로테이프를 사용합니다.

거즈 바이어스테이프/니트테이프

아기의 턱받이, 포대기를 만드는데 적합한 거즈와 니트 소재의 바이어스테이프입니다.

모자 사이즈 테이프

왕관이나 모자테의 솔기 가장자리에 달아 크기를 고정하고 더러움을 방지합니다. 바이어스 가공, 항균 · 방취, 땀 흡수, 빠른 건조가 특징입니다.

줄 스냅 단추

빠르게 열고 뗄 수 있어 편리합니다. 지퍼나 단추 대신 사용합니다.

봉제인형용 딸랑이 장난감

흔들거나 누르면 방울 소리가 나는 장난감으로 봉제인형 등에 넣어 사용합니다.

미시클립 (25mm)

일본 기요하라의 제품. 약 2kg의 악력으로 끼워 넣은 천을 단단히 잡아줍니다. 어느 쪽으로 젖히든 열리는 원터치 개폐형. 국내에선 멀티클립을 사용합니다.

수건과
주방수건

피부가 민감한 아기에게는 늘 깨끗한 옷을 입혀야겠지요. 이 책에서는 천연 소재 수건을 사용하여 아기 옷을 만들었습니다.

수건

이 책에서 사용하는 수건의 유형은 다양합니다. 직접 만들 때는 사이즈를 참고하여 집에 있는 수건을 활용해 보세요. 세탁할 때는 충분한 양의 물을 사용해야 때가 잘 빠지고 떨어진 보풀이 수건에 다시 붙지 않습니다. 건조 시에는 바람이 잘 통하는 그늘에서 말리세요.

Point
'귀'는 천이 직조된 방향으로 양쪽 끝부분을 말하고, '단'은 천이 재단된 쪽을 가리킵니다.

타월 손수건 (20~30 × 20~30cm)
탁월한 흡수력이 특징인 타월로 된 손수건. 여러 가지 크기와 소재, 무늬가 있습니다.

목욕 타월 (약 34 × 90cm)
두께가 적당하고 촉감이 부드러운 데다 건조가 빠른 목욕 타월은 몸을 씻고 닦아낼 수 있어 활용도가 높습니다.

게스트 타월 (33~35 × 33~40cm)
손님을 위한 수건이라는 뜻의 게스트 타월. 페이스 타월과 함께 만들어지는 경우가 대부분이기 때문에 폭은 페이스 타월과 동일하고 길이는 약 절반입니다.

스몰 바스 타월 (약 50x100cm)
바스 타월 크기가 부담스러운 아이나 여성에게 알맞은 새로운 사이즈입니다.

페이스 타월 (33~40 × 75~85cm)
페이스 타월은 세안 후 얼굴을 닦거나 행거에 걸어 놓고 손을 닦는 데 적당합니다. 소재, 색상, 무늬, 크기 등이 다양합니다.

바스 타월 (60~70 × 120~140cm)
바스 타월은 샤워 후 몸을 닦는 데 최적의 크기입니다.

주방수건

이 책에서 사용한 주방수건의 천은 주염(일본의 전통 염색 방식)이기 때문에 색이 다소 빠집니다. 처음 2~3회는 다른 세탁물과 구분하여 미지근한 물로 손세탁해 주세요. 세탁 후에는 가볍게 짠 후 주름을 펴고 나서 그늘에서 말리는 것이 좋습니다.

거즈 (약 36 × 90cm)
촘촘한 발, 부드러운 촉감, 고급스러운 광택이 특징입니다.

무명 (약 35 × 90cm)
거즈보다 발이 거칠고 성긴 느낌. 오래 사용한 후의 부드러움과 단단한 두께감이 특징입니다.

기본
바느질 방법

손바느질의 첫걸음은 기본이 되는 바느질 방법을 익히는 것입니다. 초보자는 작품을 만들기 전에 자투리 천을 이용하여 바느질 연습을 해 보세요.

✿ 실 꿰는 방법

실 끝부분을 가위로 비스듬하게 자르면 바늘귀에 꿰기 쉬워집니다. 실을 바늘에 꿴 후에는 한쪽 끝에 매듭을 지어 두세요.

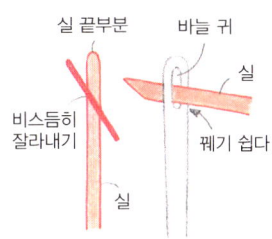

✿ 실의 길이

실은 한 가닥을 사용합니다. 실을 꿴 바늘을 손끝으로 잡은 상태에서 구부린 팔꿈치로부터 15cm 정도가 바느질하기 적당한 길이입니다.

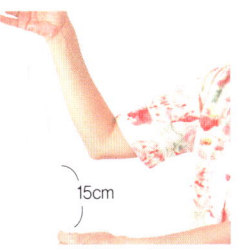

15cm

✿ 매듭 짓기

1 실 끝부분을 검지에 한 번 감는다.
2 실을 엄지로 누르면서 여러 번 꼰다.
3 꼰 부분을 중지로 누르고 실을 잡아당겨서 매듭을 짓는다.

✿ 바느질 시작하기

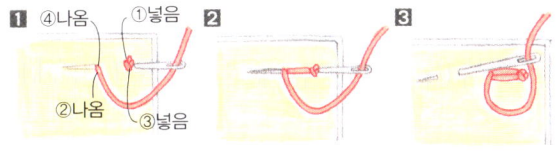

1 한 땀 꿰맨 후, 바늘을 처음 땀에 다시 넣어 한 땀 더 꿰맨다.
2 다시 한번 바늘을 되돌려 같은 곳을 꿰맨다. (두 땀 꿰맨 모습)
3 계속 꿰맨다.

✿ 바느질 끝내기(마무리 매듭짓기)

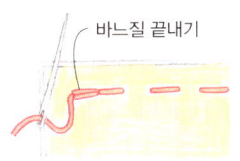

바느질 끝내기

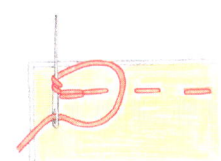

1 바느질을 끝내기 위해 실을 두 땀 되돌아가 꿰맨다.
2 실을 바늘 끝부분에 2~3회 감는다.

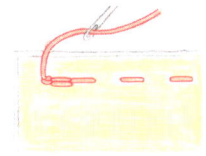

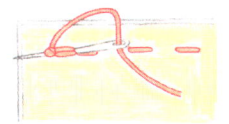

3 감은 곳을 누르고 바늘을 빼면서 실을 잡아당기면 매듭이 생긴다.
4 한 땀 되돌아가 꿰매고 실을 자른다.

✿ 매듭 처리하기

• 바느질 시작할 때

1 매듭을 숨기듯이 안쪽에서 바늘을 빼낸다.

2 두 땀 되돌아가 꿰맨 다음 계속 꿰매어 나간다.

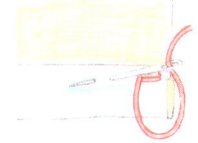

• 바느질 끝낼 때

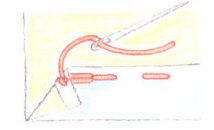

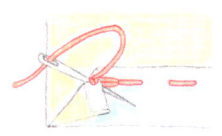

1 바느질을 끝내기 위해 실을 두 땀 되돌아가 꿰매고. 바늘을 안쪽으로 빼내어 매듭을 짓는다.

2 바늘을 바깥쪽으로 빼내고 실을 자른다.

🔵 홈질

손바느질의 기본. 천의 겉과 안으로 바늘을 교대로 빼내어 같은 간격으로 리듬감 있게 꿰매어 나갑니다. 이 책에서는 천에 주름을 잡을 때 사용하는 땀이 큰 바느질 기법입니다.

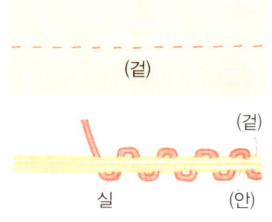

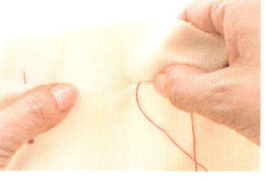

1 바늘을 안으로 빼낼 때는 바늘 끝을 누르면서 왼손으로 잡은 천을 앞으로 잡아당긴다.

2 바늘을 겉으로 빼낼 때는 왼손으로 잡은 천을 아래로 누르듯이 움직인다.

🔵 되돌아 홈질

튼튼하게 만들고 싶은 부분에 사용하는 바느질 기법. '두세 땀 홈질한 다음 한 땀 되돌아가기'를 반복합니다.

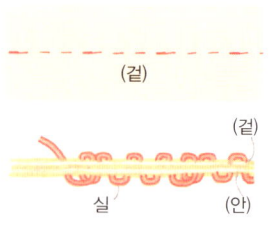

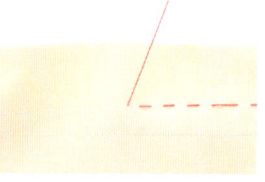

1 두세 땀을 같은 간격으로 꿰맨다. (홈질)

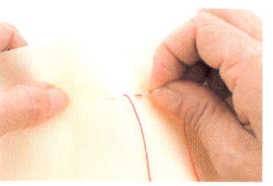

2 한 땀 되돌아가 바늘을 넣고 두 땀 앞으로 바늘을 빼낸다.

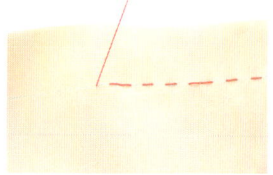

3 1과 2의 과정을 반복하여 꿰매어 나간다.

🔵 반박음질

한 땀 꿰맬 때마다 반 땀 폭만큼 되돌아가면서 꿰맵니다. 되돌아 홈질보다 더 튼튼하게 완성됩니다.

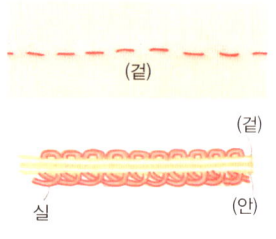

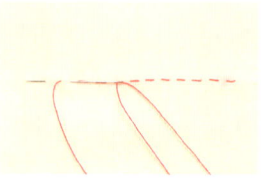

1 한 땀 꿰맨 후 반 땀 되돌려서 바늘을 넣고 한 땀 앞으로 빼낸다.

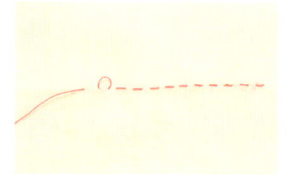

2 실을 잡아당긴다.

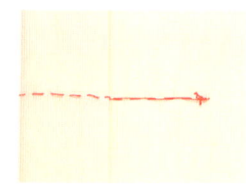

3 1과 2의 과정을 반복하여 꿰매어 나간다.

🔵 세로 감침질

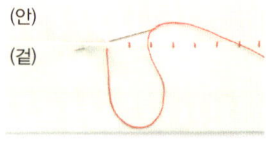

1 접은 천의 안쪽에서 바늘을 넣고 천을 작게 뜬 후 겉감을 왼쪽 아래로 비스듬하게 떠서 바늘을 빼낸다.

2 바늘을 겉으로 뺄 때는 왼손으로 잡은 천을 아래쪽으로 누른다.

🔵 감침질

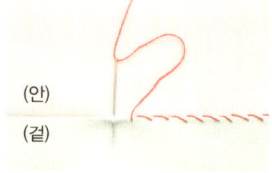

1 접은 천의 안쪽에서 바늘을 넣고 천을 작게 뜬 후 바로 아래쪽 겉감으로 바늘을 빼낸다.

2 감침질 완성.

통솔

천의 가장자리가 말리거나 올이 풀릴 염려 없이 깔끔하게
완성되므로 시접 처리의 기본이 되는 바느질 기법입니다.

✦ 시접 1.5cm의 경우

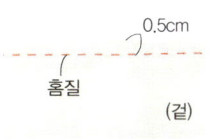

1 천 2장을 안쪽끼리 맞
대고 홈질한다.

2 시접을 손톱 다림질로
가른다.

Point

손톱 다림질은 시접을 가
를 때나 2~3개로 접을 때
사용하는 기법이다. 엄지
손톱을 천에 수직으로 대
고 조금씩 움직이면서 선
을 만든다.

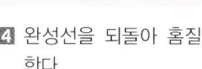

3 천을 다시 겉쪽끼리 맞
대고 솔기를 손톱 다림
질로 누른다.

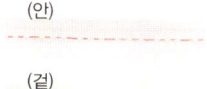

4 완성선을 되돌아 홈질
한다.

5 통솔 완성.

쌈솔

바짓가랑이처럼 튼튼하게 만들고 싶은 부분에 사용합니다.

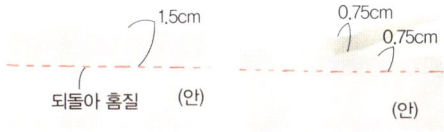

1 천 2장을 겉쪽끼리 맞
대고 되돌아 홈질한다.

2 시접 1장을 반으로 자른다.

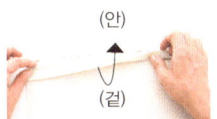

3 천 2장을 펼치고 폭이 넓
은 시접을 좁은 쪽으로
덮어씌우듯이 접는다.

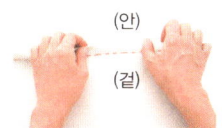

4 3에서 만든 시접을 젖
혀서 접는다.

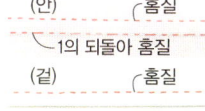

5 시접의 가장자리를 홈질
로 고정하면 쌈솔 완성.

가름솔

시접을 가르는 부분에 사용합니다.

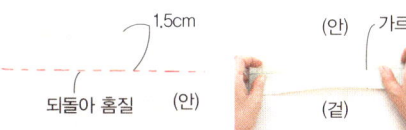

1 천 2장을 겉쪽끼리 맞
대고 되돌아 홈질한다.

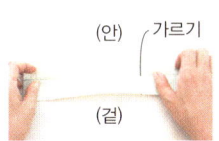

2 시접을 손톱 다림질로
가른다.

3 시접의 반을 안으로 접
어 넣는다.

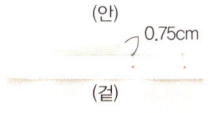

4 시접의 가장자리를 홈
질로 고정한다.

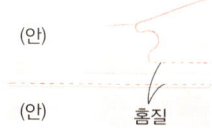

5 가름솔 완성.

이 책에서 사용하는 스티치 기법들을 소개합니다.

스티치 익히기

🔹 아웃라인 스티치 -

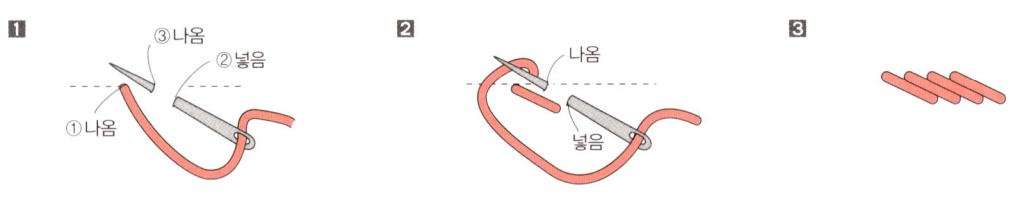

1 ①로 바늘을 빼냅니다. ②에 바늘을 넣고 ③ 으로 다시 빼냅니다.

2 **1**을 반복합니다.

3 아웃라인 스티치 완성.

🔹 새틴 스티치 - - - - - - - - -   🔹 러닝 스티치 - - - - - - - - -

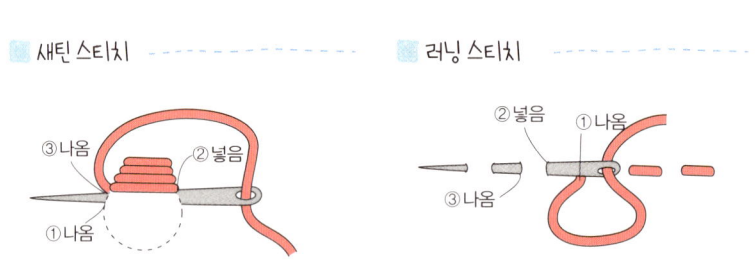

①로 바늘을 빼냅니다. ②에 넣고 ③으로 빼냅니다. 중심에서부터 가장자리로 면적을 메우듯 수를 놓으면 새틴 스티치 완성.

①로 바늘을 빼냅니다. ②에 넣고 ③으로 빼냅니다. 원하는 땀만큼 2~3번 정도 홈질한 후 빼내도 됩니다.

🔹 프렌치 노트 스티치 -

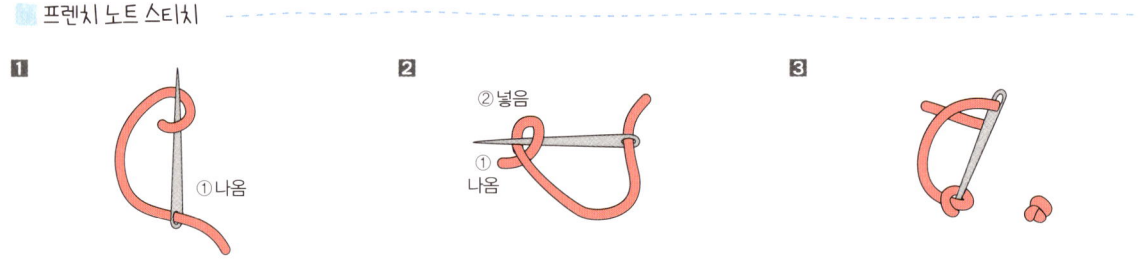

1 ①로 바늘을 빼내고 바늘을 위로 하여 실을 감아 줍니다.

2 바늘을 빼낸 옆 ②에 바늘을 다시 넣습니다.

3 실을 당겨 매듭이 원단에 바짝 붙게 만들어 준 뒤 빼내면 프렌치 노트 스티치 완성.

* 이 책에서 사용한 원단은 일본에서 판매하고 있습니다. 국내에서 똑같은 원단을 구매하기 어려우므로 소재가 같은 수건을 활용하여 개성 있는 아기 옷을 만들어 보세요.
* 그림에서 특별히 지정되어 있지 않은 치수의 단위는 cm입니다.
* 스티치는 st.로 생략했습니다.
* 도구는 12쪽을 참조하세요. 만드는 방법 부분에서는 도구 표기를 생략했습니다.
* 이 책에 나오는 기본 바느질 방법은 15쪽을 참조하세요.
* 시접의 길이와 겹쳐 박는 길이가 다른 작품이 있으니 참고하여 만드세요.

실물 크기 패턴 사용법

1 실물 크기 패턴

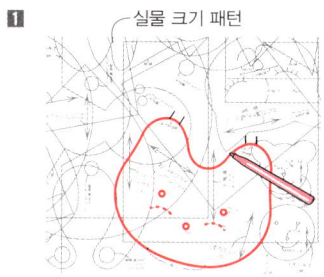

2 실물 크기 패턴　트레이싱페이퍼　문진

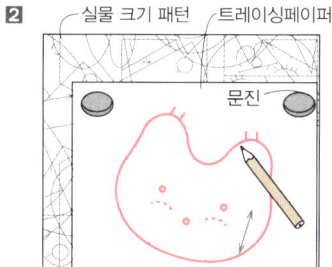

3

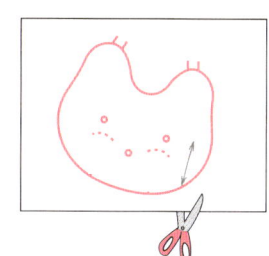

1 책에서 실물 크기 패턴을 분리한 다음 원하는 패턴의 선을 마커나 색연필 등으로 따라 그린다.

2 패턴지(또는 트레이싱페이퍼와 같이 비치는 종이)를 실물 크기 패턴에 겹쳐 대고 움직이지 않도록 문진이나 테이프로 고정한 후 심이 부드러운 연필로 완성선, 트임 끝부분 등 패턴 속의 표시를 모두 옮긴다.

3 빠지거나 잘못된 부분이 없는지 확인한 다음 패턴을 빼내고 윤곽선을 따라 가위로 자른다.

천 재단하기

1 골선

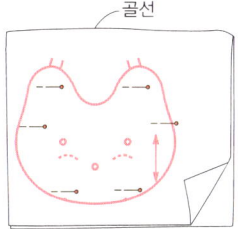

2 골선

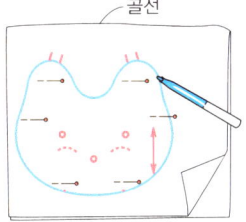

3 골선

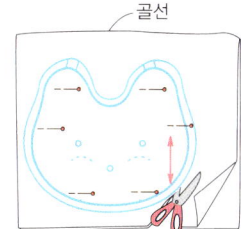

1 재단 배치도를 참고하여 천을 겉끼리 맞댄 후 패턴을 시침핀으로 고정한다. 1장의 천을 재단할 때는 천 표면에 표시한다.

2 수성펜으로 윤곽선을 그린다. 지정한 시접이 있는 것은 윤곽선을 그린 후 시접선을 그린다.

3 시접선을 따라 재단한 후 패턴을 뺀다.

※ 실물 크기 패턴에는 시접이 포함된 것과 포함되어 있지 않은 것이 있습니다. 시접이 포함되어 있지 않은 패턴은 재단 배치도를 참조하여 시접을 추가한 후 재단하세요. 또한 직선 재단의 경우 실물 크기 패턴은 없으므로 주의하세요.

기억해야 할 용어

| **트임 끝부분** | 옷을 입고 벗기 쉽도록 절개해놓은 부분을 '트임'이라고 한다. 이 트임이 끝나는 곳을 '트임 끝부분'이라고 하며 여기서 바느질을 끝낸다.

| **골선** | 천을 반으로 접었을 때 생기는 선

PART 1

누워 있을 무렵

| **SIZE** 60cm **TIME** 0개월~3개월 정도 |

잘 때도 옷을 갈아입힐 수 있는 앞여밈 옷이
편리합니다. 장난감도 직접 만들어 주세요.

분리형 배내옷

수건

시원한 감촉의 독특한 타월로 만드는 배내옷과 블루머.
배내옷은 아기의 체형에 맞게 끈 묶는 방법을 달리하여 크기 조정이 가능합니다.
사용 소재 목욕 타월

블루머

Ready to do

| 도안 | 패턴 B면
| 준비물 |
수건 : 목욕 타월 또는 페이스 타월 약 34×90cm
　　　 1장
실 : 손바느질용 실(흰색)
기타 : 거즈 바이어스테이프(폭 12.7mm 파란색)
　　　 70cm, 고무테이프 허리용(폭 9mm) 43cm,
　　　 밑단용(폭 5mm) 50cm
| 완성품 크기 | 그림 참조

재단 배치도

☐ 안의 숫자인 시접을 포함(단위는 cm)

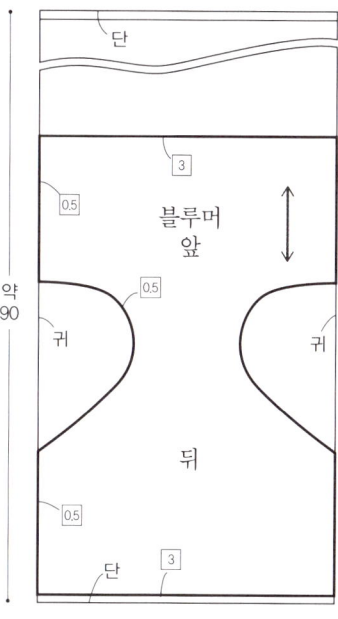

※ 블루머의 패턴은 p.70과 동일

How to make

1 옆선을 꿰맨다.

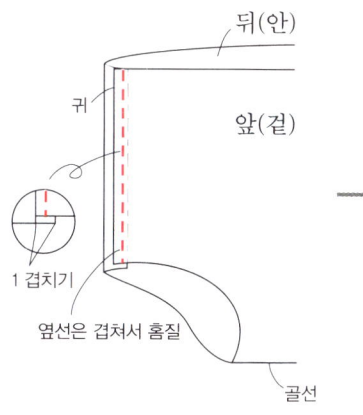

1 겹치기

옆선은 겹쳐서 홈질

2 밑단을 꿰맨다.

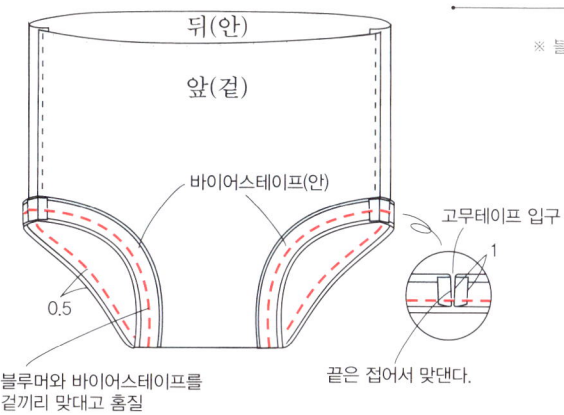

바이어스테이프(안)

고무테이프 입구

0.5

블루머와 바이어스테이프를
겉끼리 맞대고 홈질

끝은 접어서 맞댄다.

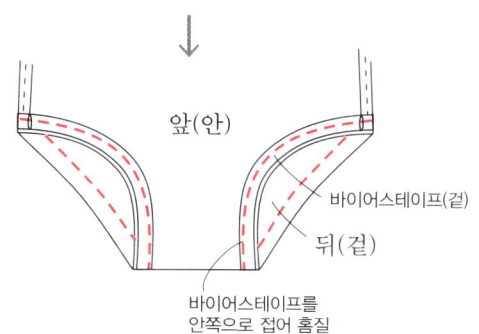

앞(안)

바이어스테이프(겉)

뒤(겉)

바이어스테이프를
안쪽으로 접어 홈질

3 허리를 꿰맨다.

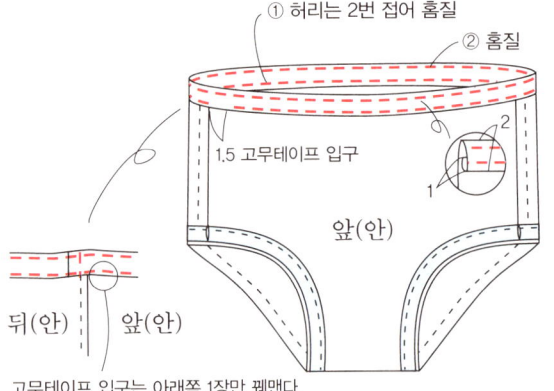

① 허리는 2번 접어 홈질

② 홈질

1.5 고무테이프 입구

앞(안)

뒤(안) 앞(안)

고무테이프 입구는 아래쪽 1장만 꿰맨다.

4 허리와 밑단에 고무테이프를 끼운다.

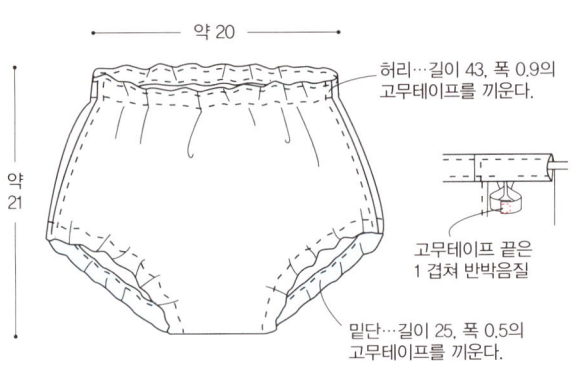

약 20

약 21

허리…길이 43, 폭 0.9의 고무테이프를 끼운다.

고무테이프 끝은 1 겹쳐 반박음질

밑단…길이 25, 폭 0.5의 고무테이프를 끼운다.

배내옷

● Ready to do

| 도안 | 패턴 B면

| 준비물 |

수건 : 목욕 타월 또는 페이스 타월 약 34×90cm 1장

실 : 손바느질용 실(흰색)

기타 : 거즈 바이어스테이프(폭 11mm 파란색) 175cm, 면테이프(폭 15mm, 폭 9mm) 60cm 각 2장, 장식 마크 1장

| 완성품 크기 | 그림 참조

재단 배치도

□ 안의 숫자인 시접을 포함(단위는 cm)

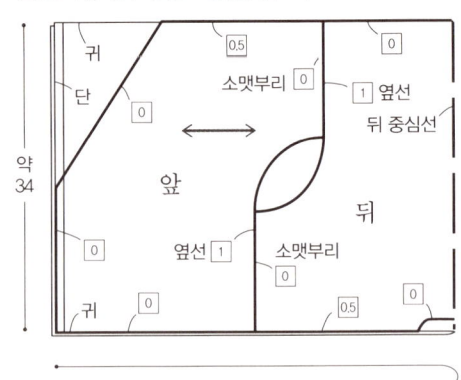

귀
단
0.5
소맷부리
0
0
1 옆선
뒤 중심선
약 34
0
앞
0
옆선 1
소맷부리
0
뒤
귀
0
0.5
0

약 90

● How to make

1 어깨를 꿰맨다.

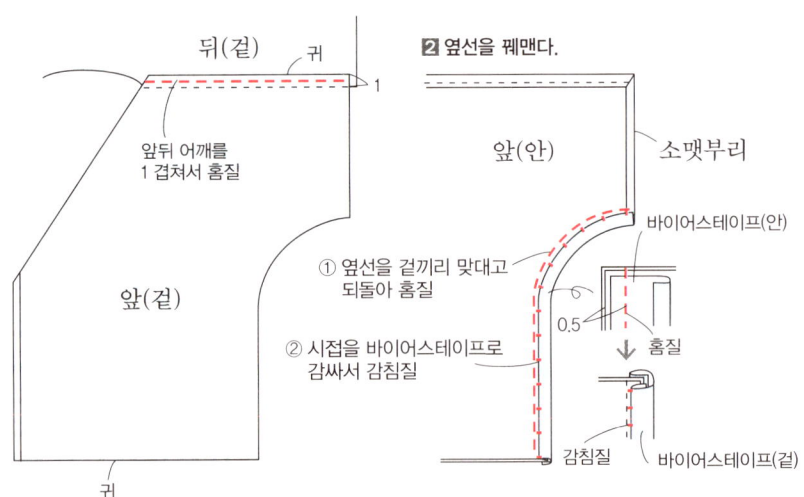

뒤(겉) 귀

1

앞뒤 어깨를 1 겹쳐서 홈질

앞(겉)

귀

2 옆선을 꿰맨다.

앞(안)

소맷부리

바이어스테이프(안)

① 옆선을 겉끼리 맞대고 되돌아 홈질

0.5

② 시접을 바이어스테이프로 감싸서 감침질

홈질

감침질

바이어스테이프(겉)

③ 목둘레와 소맷부리를 바이어스테이프로 감싼다.

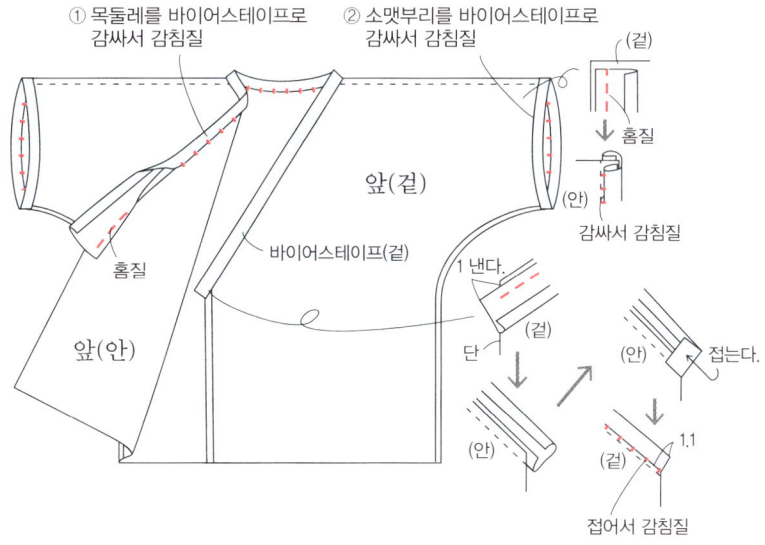

① 목둘레를 바이어스테이프로
감싸서 감침질

② 소맷부리를 바이어스테이프로
감싸서 감침질

홈질

앞(겉)

앞(안)

바이어스테이프(겉)

홈질

감싸서 감침질

(겉)

(안)

1 낸다.

단

(겉)

(안)

접는다.

(안)

(겉)

1.1

접어서 감침질

④ 끈을 단다.

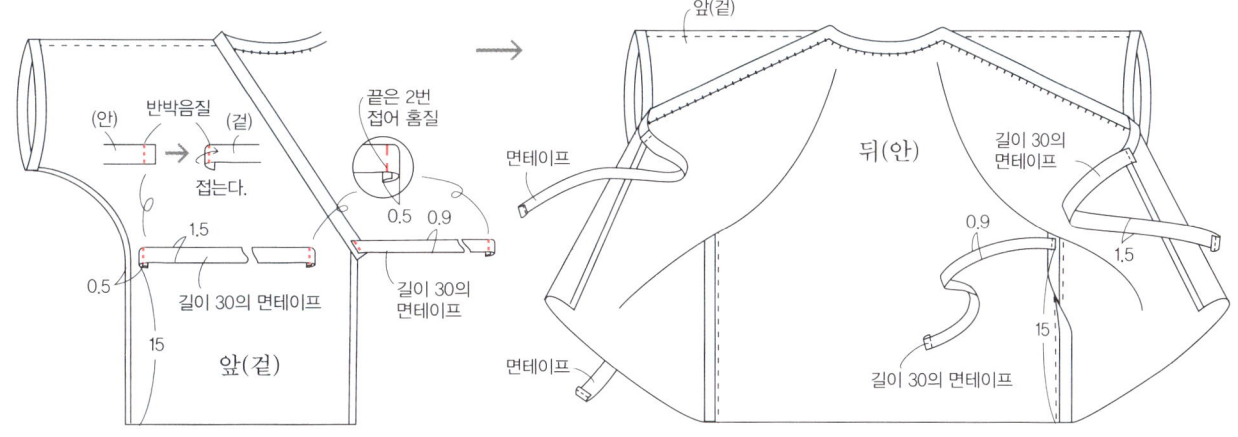

(안)

반박음질

(겉)

접는다.

끝은 2번
접어 홈질

0.5   0.9

1.5

0.5

15

길이 30의 면테이프

앞(겉)

길이 30의
면테이프

앞(겉)

면테이프

뒤(안)

길이 30의
면테이프

0.9

면테이프

길이 30의 면테이프

1.5

15

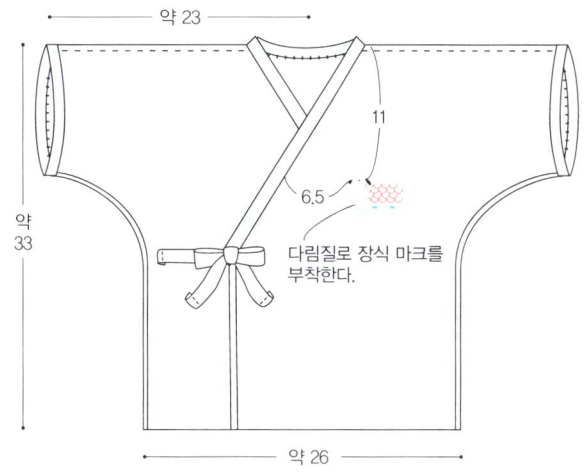

약 23

11

6.5

다림질로 장식 마크를
부착한다.

약
33

약 26

후드 달린 포대기

수건

아기를 업을 때 벌어지지 않는 큼지막한 포대기입니다.
목욕을 마친 후 얼른 감싸서 부드럽게 닦아 주세요.
사용 소재 바스 타월, 게스트 타월

후드 달린 포대기

| 준비물 |

수건 : 바스 타월 약 65×140cm 1장
　　　게스트 타월 또는 페이스 타월 약 34×35cm 1장
실 : 손바느질용 실(베이지색)

| 완성품 크기 | 그림 참조

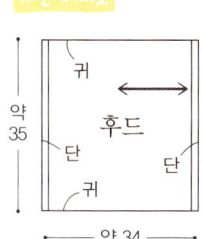

재단 배치도

약 35 — 귀 / 후드 / 단 / 귀 / 단

약 34

귀

약 65

포대기

단

귀

약 140

How to make

1 후드를 만든다.

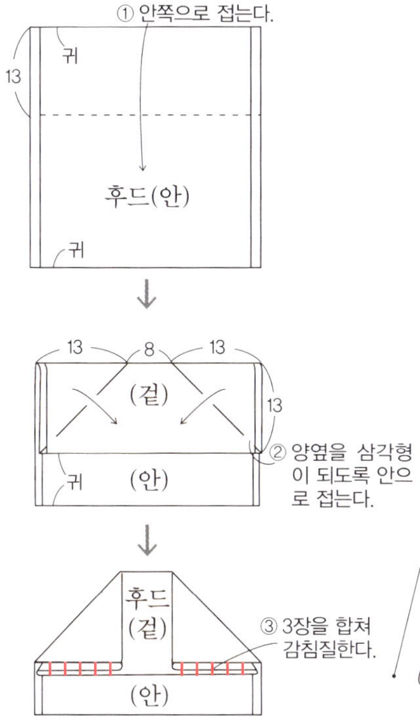

① 안쪽으로 접는다.

13

귀

후드(안)

귀

↓

13　8　13

13

(겉)

귀　(안)

② 양옆을 삼각형이 되도록 안으로 접는다.

↓

후드 (겉)

(안)

③ 3장을 합쳐 감침질한다.

2 포대기에 후드를 연결한다.

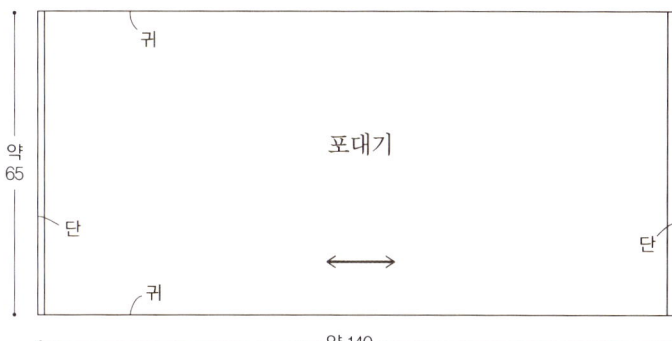

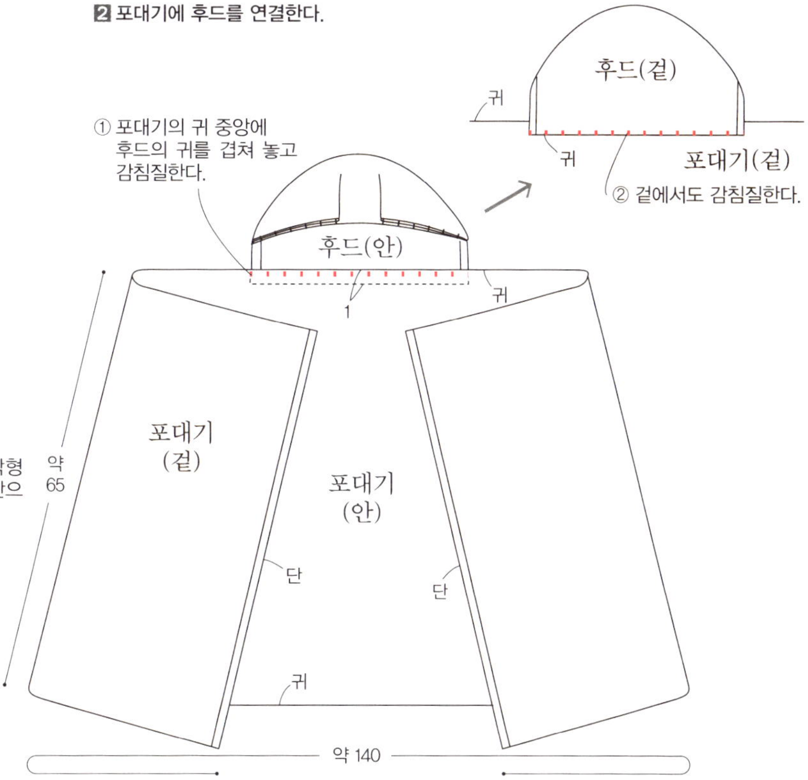

① 포대기의 귀 중앙에 후드의 귀를 겹쳐 놓고 감침질한다.

후드(안)

귀

1

후드(겉)

귀

귀　포대기(겉)

② 겉에서도 감침질한다.

약 65

포대기 (겉)

포대기 (안)

단　단

귀

약 140

곰돌이 베개

수건

베개의 두께를 조정할 수 있는 것도 수작업의 좋은 점이지요.
우리 아기는 곰돌이와 함께 어떤 꿈을 꿀까요?
사용 소재 페이스 타월

곰돌이 베개

● Ready to do

| **도안** | 패턴 A면
| **준비물** |
수건 : 페이스 타월 약 34×85cm
실 : 손바느질용 실(크림색)
　　　손바느질용 스티치 실 MOCO(노란색)
기타 : 얇은 퀼트면 60×70cm 또는 페이스
　　　타월 1장
| **완성품 크기** | 그림 참조

재단 배치도

○ 안의 숫자인 시접을 포함(단위는 cm)

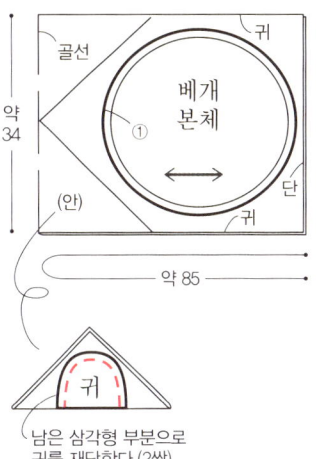

남은 삼각형 부분으로
귀를 재단한다.(2쌍)

● How to make

1 본체를 만든다.

골선

① 겉끼리 맞대고 접은
본체와 그 위에 퀼트면
또는 타월을 겹친 다음
창구멍을 남기고
되돌아 홈질

본체(안)

창구멍

얇은 퀼트면 여러 장 또는
타월 2장(본체 포함)을 겹
친다.

본체(안)

② 시접을 남기고 자른다.

창구멍

7.5

본체(겉)

③ 겉으로 뒤집고
창구멍을 감침질

④ MOCO(노란색)
1가닥으로 홈질

2 귀를 만든다.

② 시접을 남기고
자른다.

귀(겉)　　귀(안)　　귀(겉)

① 겉끼리 맞대고
되돌아 홈질

③ 겉으로 뒤집고 시접을
안쪽으로 접어 넣은 후
감침질

귀(겉)　　골선

1.5

④ 반으로 접어 감침질

⑤ 펴서 본체에 감침질

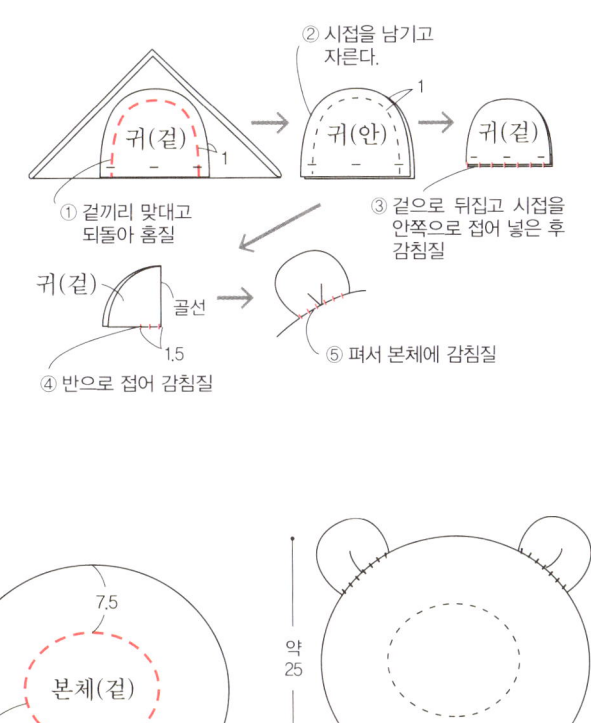

약 25

약 28

물방울 조끼

수건

쌀쌀할 때나 더울 때, 일 년 내내 활약하는 체온 조절에 편리한 조끼입니다.
갈아입히기 쉬운 끈 달린 타입이에요.
사용 소재 페이스 타월

물방울 조끼

● Ready to do

| 도안 | 패턴 A면

| 준비물 |

수건 : 페이스 타월 약 34×80cm 1장
실 : 손바느질용 실(노란색)
기타 : 니트테이프(폭 11mm 노란색) 약 140cm
　　　프린트 면테이프(폭 15mm) 60cm
　　　면테이프(폭 9mm 흰색) 60cm

| **완성품 크기** | 가슴둘레 62cm, 전체 길이 약 33cm

재단 배치도

□ 안의 숫자인 시접을 포함(단위는 cm)

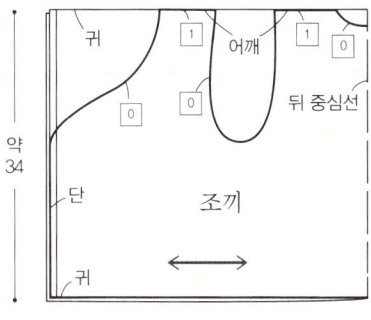

● How to make

① 어깨는 겉끼리 맞대고 되돌아
　홈질한 후 시접을 가른다.

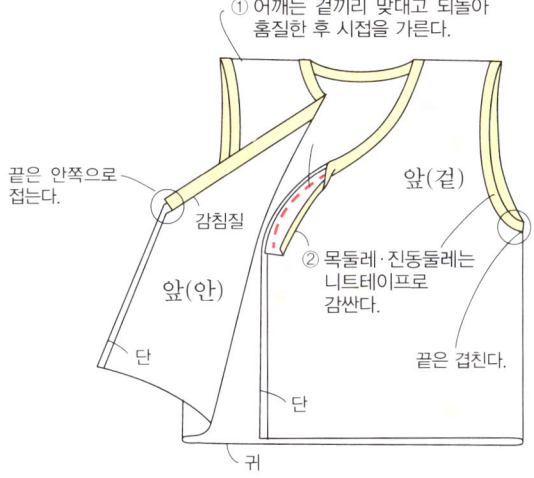

끝은 안쪽으로
접는다.

감침질

앞(안)

단

앞(겉)

② 목둘레·진동둘레는
　니트테이프로
　감싼다.

끝은 겹친다.

단

귀

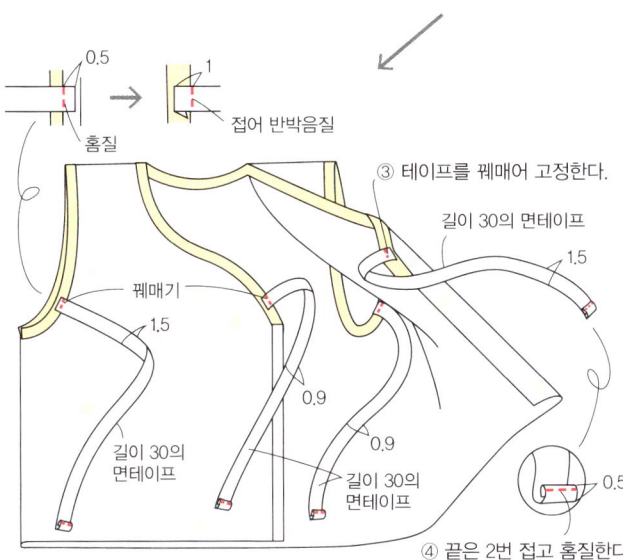

0.5

홈질

1

접어 반박음질

③ 테이프를 꿰매어 고정한다.

길이 30의 면테이프

1.5

꿰매기

1.5

0.9

0.9

길이 30의
면테이프

길이 30의
면테이프

0.5

④ 끝은 2번 접고 홈질한다.

약 33

약 31

안심 케이프

수건

바스 타월에 주름을 잡아 멀티클립으로 고정해 간단히 만드는 수유 케이프.
작게 접을 수 있어 휴대하기도 편리합니다.

사용 소재 바스 타월

안심 케이프

Ready to do

| 준비물 |

수건 : 바스 타월 약 60×100cm 1장
실 : 손바느질용 실(파란색)
기타 : 바이어스테이프(폭 20mm 프린트) 166cm
　　　　고무테이프(폭 5mm) 57cm, 멀티클립 2개

| 완성품 크기 | 그림 참조

재단 배치도

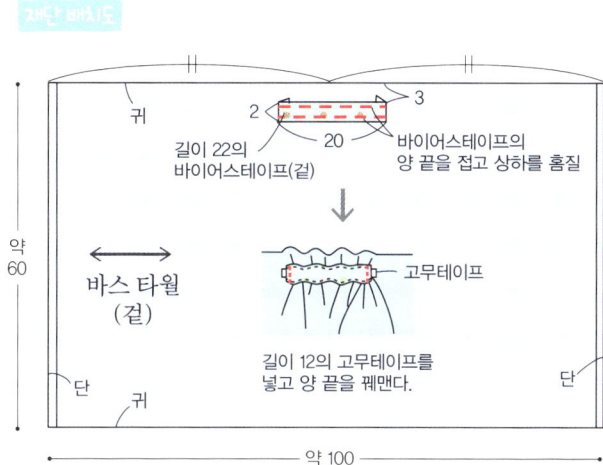

How to make

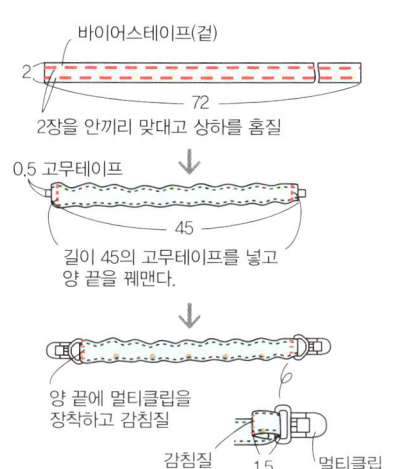

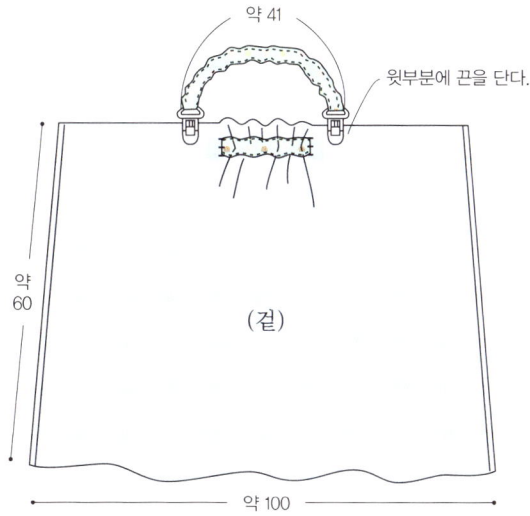

여러 가지 장난감

수건

A

B

C

소리가 나거나 흔들리거나 움직이는 것에
아기는 흥미진진한 표정을 짓습니다.
아기는 어떤 장난감을 좋아할까요?
사용 소재 게스트 타월, 타월 손수건

장난감 A

◉ Ready to do

| **도안** | p.107

| **준비물** |

수건 : 게스트 타월 또는 페이스 타월 약 35×40cm 1장

실 : 손바느질용 실(분홍색)
　　　손바느질용 스티치 실 MOCO(진분홍색)

기타 : 방울 1개, 솜 적당량

| **완성품 크기** | 그림 참조

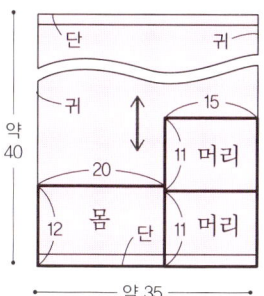

재단 배치도

단　　　귀

귀　　　15

약 40　　　11 머리

20

12 몸　단　11 머리

약 35

◉ How to make

1 머리를 만든다.

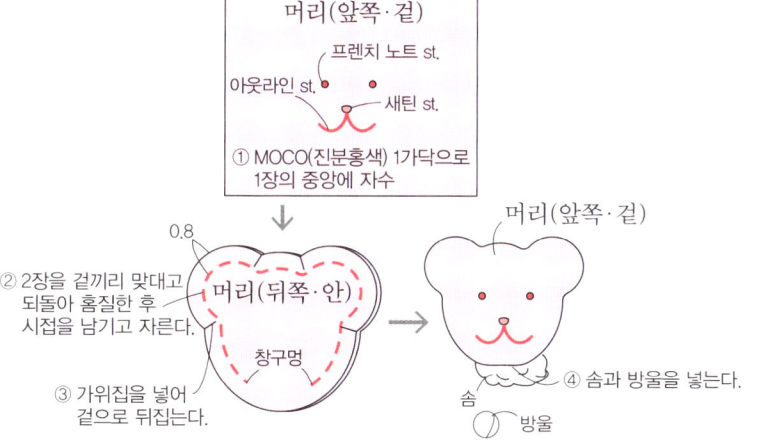

머리(앞쪽·겉)

프렌치 노트 st.

아웃라인 st.

새틴 st.

① MOCO(진분홍색) 1가닥으로
1장의 중앙에 자수

0.8

② 2장을 겉끼리 맞대고
되돌아 홈질한 후
시접을 남기고 자른다.

머리(뒤쪽·안)

창구멍

③ 가위집을 넣어
겉으로 뒤집는다.

머리(앞쪽·겉)

④ 솜과 방울을 넣는다.

솜

방울

2 몸을 만든다.

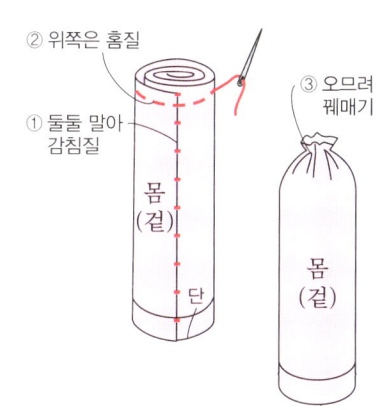

② 위쪽은 홈질

① 둘둘 말아
감침질

몸
(겉)

단

③ 오므려
꿰매기

몸
(겉)

3 몸에 머리를 단다.

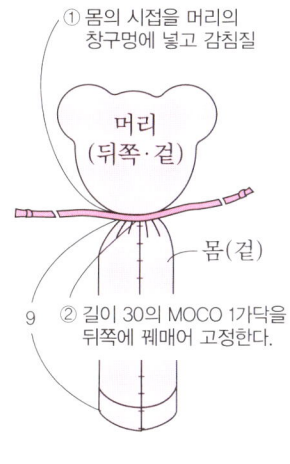

① 몸의 시접을 머리의
창구멍에 넣고 감침질

머리
(뒤쪽·겉)

몸(겉)

9

② 길이 30의 MOCO 1가닥을
뒤쪽에 꿰매어 고정한다.

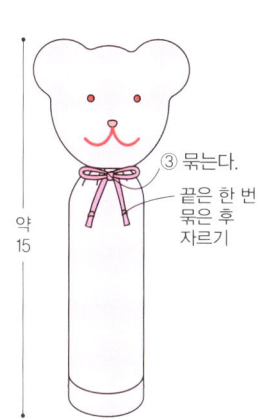

약
15

③ 묶는다.

끝은 한 번
묶은 후
자르기

장난감 B

Ready to do

| 도안 | p.107

| 준비물 |

수건 : 타월 손수건 약 27×27cm 2장
실 : 손바느질용 실(흰색)
　　손바느질용 스티치 실 MOCO(진분홍색)
기타 : 굵은 고무줄(흰색), 솜 적당량

| 완성품 크기 | 그림 참조

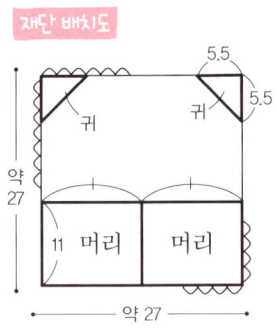

재단 배치도

※ 본체는 약 27×27 1장

How to make

1 머리를 만든다.

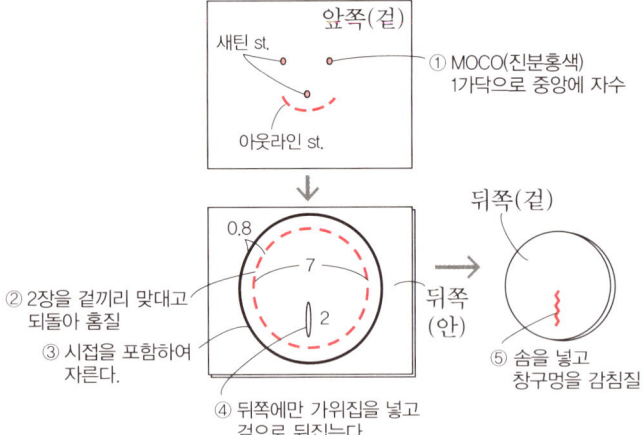

앞쪽(겉)
새틴 st.
① MOCO(진분홍색)
1가닥으로 중앙에 자수
아웃라인 st.

② 2장을 겉끼리 맞대고
되돌아 홈질
③ 시접을 포함하여
자른다.
④ 뒤쪽에만 가위집을 넣고
겉으로 뒤집는다.

뒤쪽(겉)
뒤쪽(안)
⑤ 솜을 넣고
창구멍을 감침질

2 귀(2개)를 만든다.

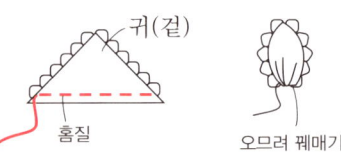

귀(겉)
홈질
오므려 꿰매기

3 본체를 만든다.

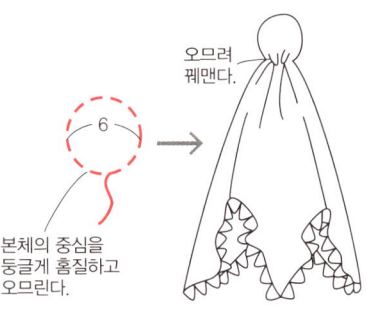

오므려
꿰맨다.

본체의 중심을
둥글게 홈질하고
오므린다.

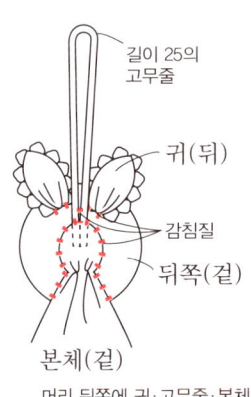

길이 25의
고무줄

귀(뒤)
감침질
뒤쪽(겉)

본체(겉)
머리 뒤쪽에 귀·고무줄·본체
순서로 꿰매어 고정한다.

약
22

장난감C

Ready to do

| 도안 | p.108
| 준비물 |
수건 : 게스트 타월 또는 페이스 타월 약 34×40cm 1장
실 : 손바느질용 실(하늘색)
　　　손바느질용 스티치 실 MOCO(파란색·회색)
기타 : 단추(직경 1.3cm 파란색 2개·길이 1.3cm 하트형
　　　회색 1개), 솜 적당량
| 완성품 크기 | 그림 참조

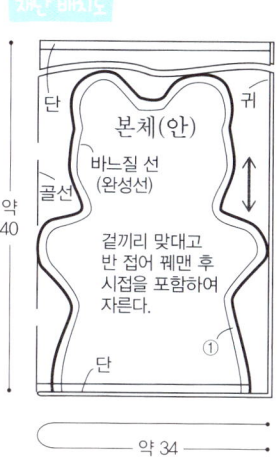

재단 배치도

약 40

약 34

본체(안)

바느질 선
(완성선)

겉끼리 맞대고
반 접어 꿰맨 후
시접을 포함하여
자른다.

단

귀

골선

단

①

How to make

1 머리를 만든다.

① 단추는 단추 색에 맞는
　MOCO 1가닥으로 단다.

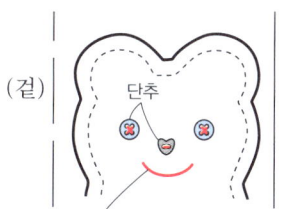

(겉)

단추

② 아웃라인 st. MOCO(파란색) 1가닥

2 본체를 만든다.

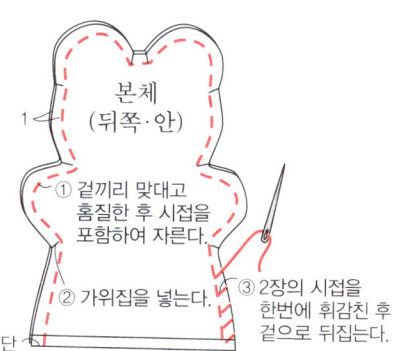

본체
(뒤쪽·안)

1

① 겉끼리 맞대고
　홈질한 후 시접을
　포함하여 자른다.

② 가위집을 넣는다.

③ 2장의 시접을
　한번에 휘감친 후
　겉으로 뒤집는다.

단

3 꼬리를 만들어 단다.

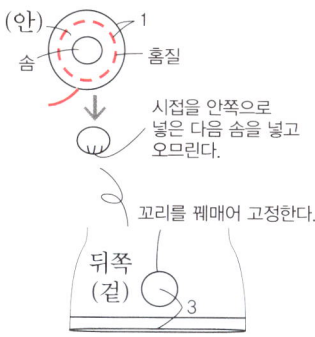

(안)

솜

1

홈질

시접을 안쪽으로
넣은 다음 솜을 넣고
오므린다.

꼬리를 꿰매어 고정한다.

뒤쪽
(겉)

3

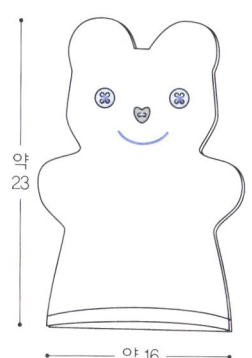

약
23

약 16

고양이

핫팩 케이스

수건

핫팩 케이스를 두툼한 타월로 만들어요.
따스한 핫팩 덕분에 낮잠이 길어질 것 같네요.
사용 소재 페이스 타월

고양이 핫팩 케이스

Ready to do

| 도안 | 패턴 A면
| 준비물 |
수건 : 페이스 타월 약 34×85cm 1장
실 : 손바느질용 실(회색), 손바느질용 스티치 실 MOCO(갈색)
기타 : 끈(두께 5mm 회색) 60cm, 솜 적당량
| 완성품 크기 | 그림 참조

재단 배치도

○ 안의 숫자인 시접을 포함(단위는 cm)

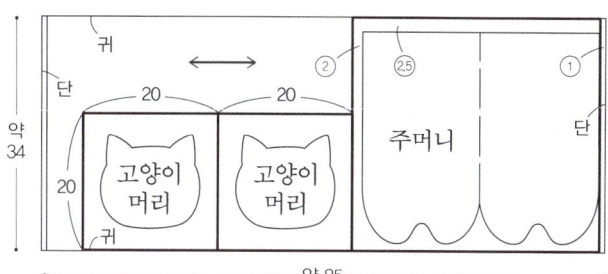

How to make

1 고양이 머리를 만든다.

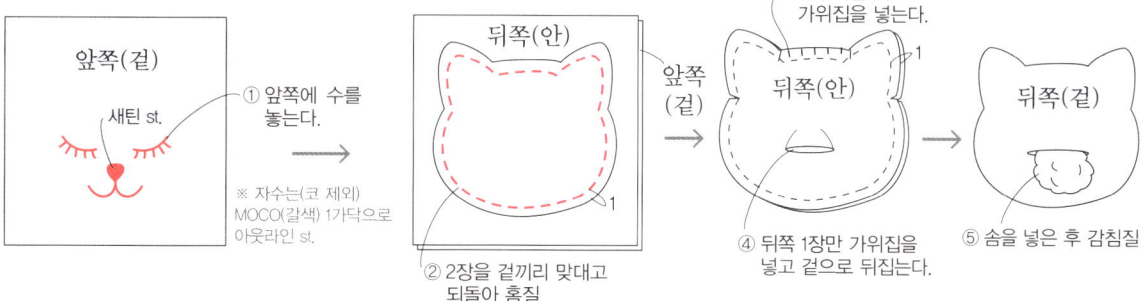

앞쪽(겉)

새틴 st.

① 앞쪽에 수를 놓는다.

※ 자수는(코 제외)
MOCO(갈색) 1가닥으로
아웃라인 st.

뒤쪽(안)

② 2장을 겉끼리 맞대고
되돌아 홈질

③ 테두리를 자르고
가위집을 넣는다.

앞쪽(겉)
뒤쪽(안)

④ 뒤쪽 1장만 가위집을
넣고 겉으로 뒤집는다.

뒤쪽(겉)

⑤ 솜을 넣은 후 감침질

2 주머니를 만든다.

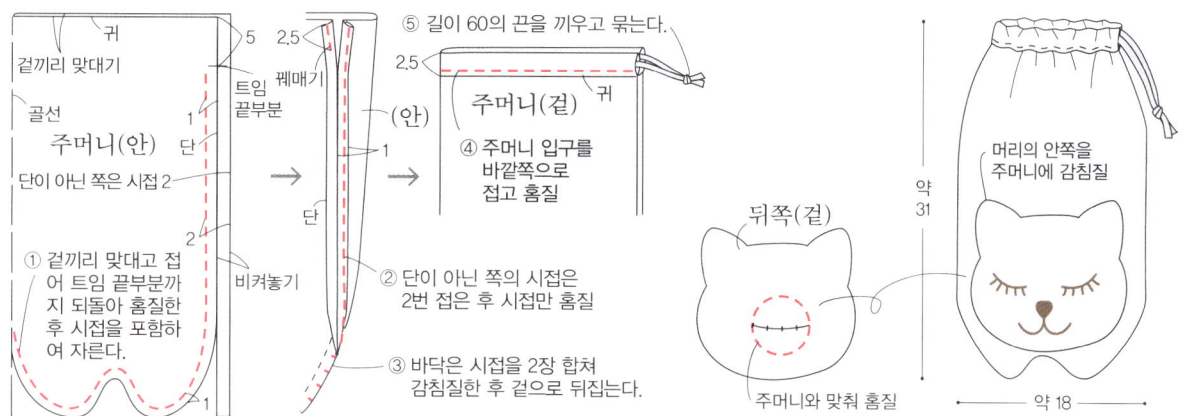

귀
겉끼리 맞대기

골선
주머니(안)
단이 아닌 쪽은 시접 2

① 겉끼리 맞대고 접
어 트임 끝부분까
지 되돌아 홈질한
후 시접을 포함하
여 자른다.

트임
끝부분
꿰매기

(안)

② 단이 아닌 쪽의 시접은
2번 접은 후 시접만 홈질

③ 바닥은 시접을 2장 합쳐
감침질한 후 겉으로 뒤집는다.

⑤ 길이 60의 끈을 끼우고 묶는다.

주머니(겉)
귀

④ 주머니 입구를
바깥쪽으로
접고 홈질

비켜놓기

3 주머니에 고양이 머리를 단다.

머리의 안쪽을
주머니에 감침질

뒤쪽(겉)

약
31

주머니와 맞춰 홈질

약 18

하늘색 모자와

분홍색 모자

수건

아기의 소중한 머리를 보호하는 귀여운 모자.
섬유의 올과 올 사이에 공기가 들어있는 폭신한 수건으로 만듭니다.
사용 소재 페이스 타월

하늘색 모자

| 도안 | 패턴 A면
| 준비물 |
수건 : 페이스 타월 약 35×85cm 1장
실 : 손바느질용 실(하늘색)
　　손바느질용 스티치 실 MOCO(하늘색)
기타 : 니트테이프(폭 11mm 파란색) 약 70cm,
　　5/0호 코바늘
| 완성품 크기 | 그림 참조

제단 배치도

○ 안의 숫자인 시접을 포함(단위는 cm)

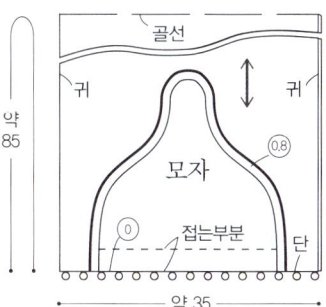

How to make

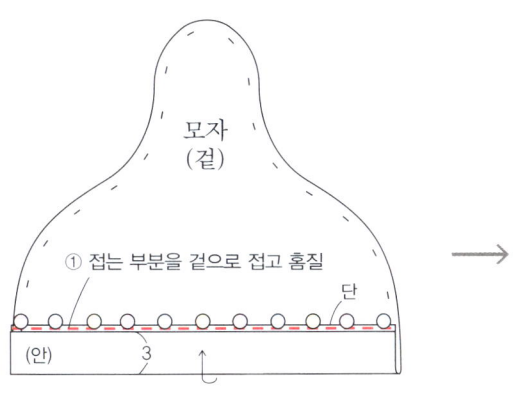

① 접는 부분을 겉으로 접고 홈질

② 2장을 겉끼리 맞대고 되돌아 홈질

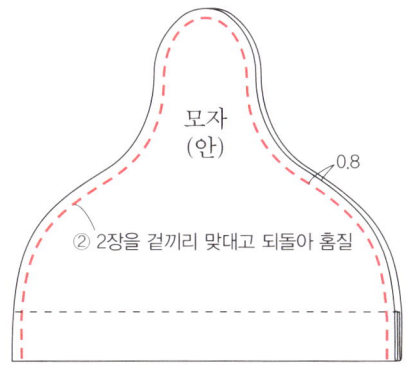

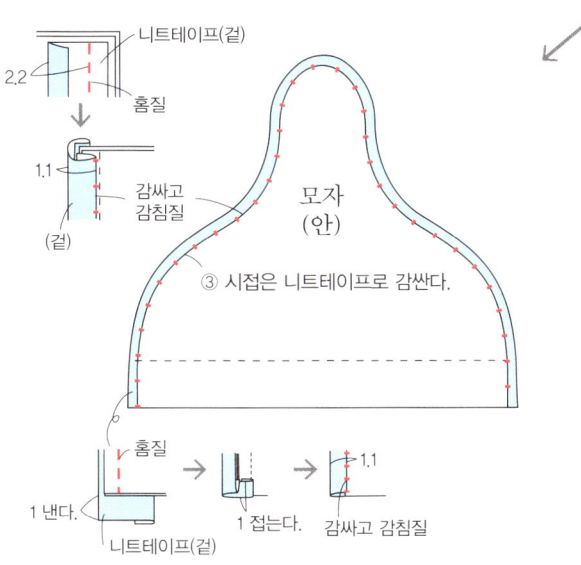

③ 시접은 니트테이프로 감싼다.

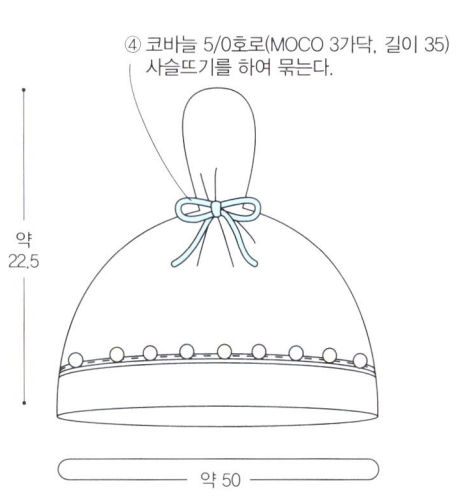

④ 코바늘 5/0호로(MOCO 3가닥, 길이 35)
사슬뜨기를 하여 묶는다.

분홍색 모자

Ready to do

| 도안 | p.109
| 준비물 |
수건 : 페이스 타월 약 35×85cm 1장
실 : 손바느질용 실(분홍색)
　　손바느질용 스티치 실 MOCO(분홍색)
기타 : 니트테이프(폭 11mm 분홍색) 약 50cm,
　　솜 적당량, 5/0호 코바늘
| 완성품 크기 | 그림 참조

재단 배치도

○ 안의 숫자인 시접을 포함(단위는 cm)

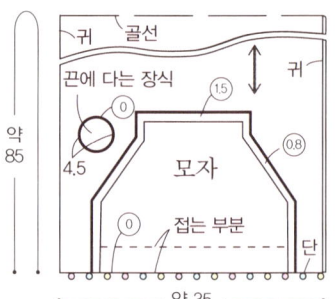

귀　골선　귀
끈에 다는 장식
1.5
0
4.5
모자
0.8
약 85
0
접는 부분
단
약 35

How to make

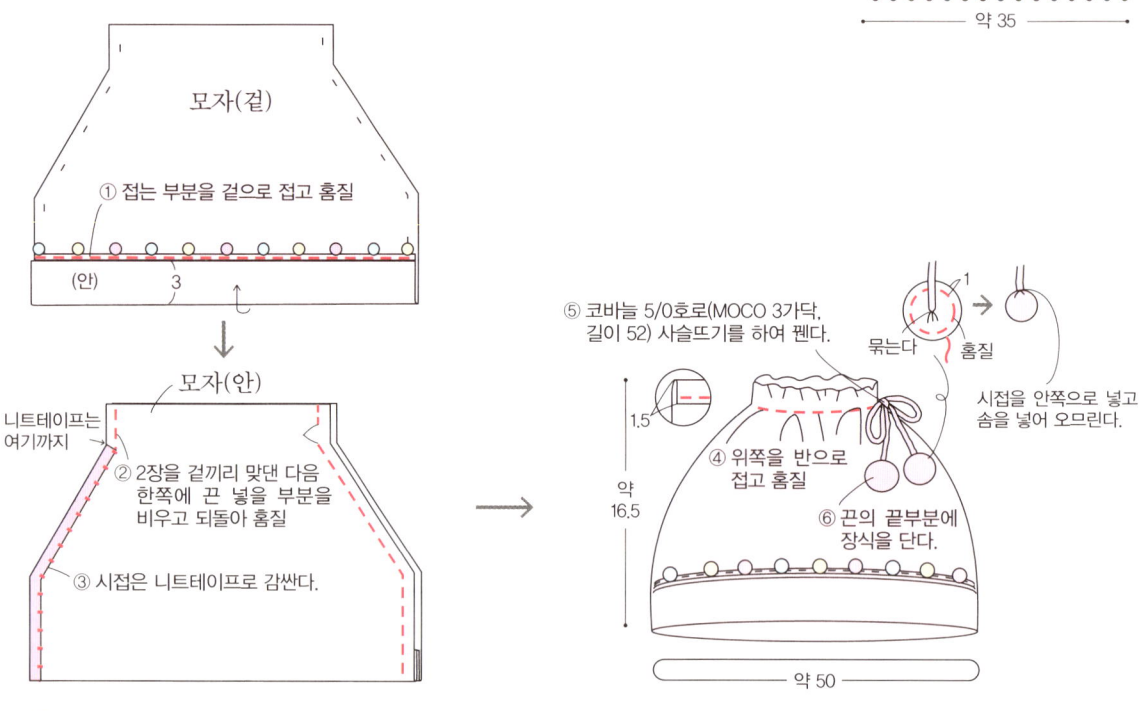

모자(겉)

① 접는 부분을 겉으로 접고 홈질

(안)　3

니트테이프는
여기까지

모자(안)

② 2장을 겉끼리 맞댄 다음
한쪽에 끈 넣을 부분을
비우고 되돌아 홈질

③ 시접은 니트테이프로 감싼다.

⑤ 코바늘 5/0호로(MOCO 3가닥,
길이 52) 사슬뜨기를 하여 꿴다.

묶는다　홈질

1

시접을 안쪽으로 넣고
솜을 넣어 오므린다.

1.5

④ 위쪽을 반으로
접고 홈질

약
16.5

⑥ 끈의 끝부분에
장식을 단다.

약 50

Making tip　사슬뜨기

① 실 끝부분을 10cm 정
도 남기고 고리를 만
든다.

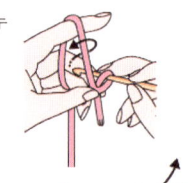

② 고리의 교차점을 누
르면서 실을 건다.

③ 코바늘에 건 실을
잡아당기면서 고리
밖으로 빼낸다.

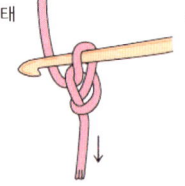

④ 실을 빼낸 상태

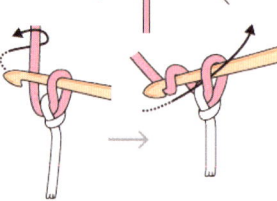

⑤ 바늘을 실 앞에 두고
실을 건다. 바늘에 건
실을 잡아당기면서
고리 밖으로 빼낸다.

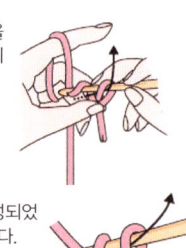

⑥ 사슬 1개가 완성되었
다. ⑤를 반복한다.

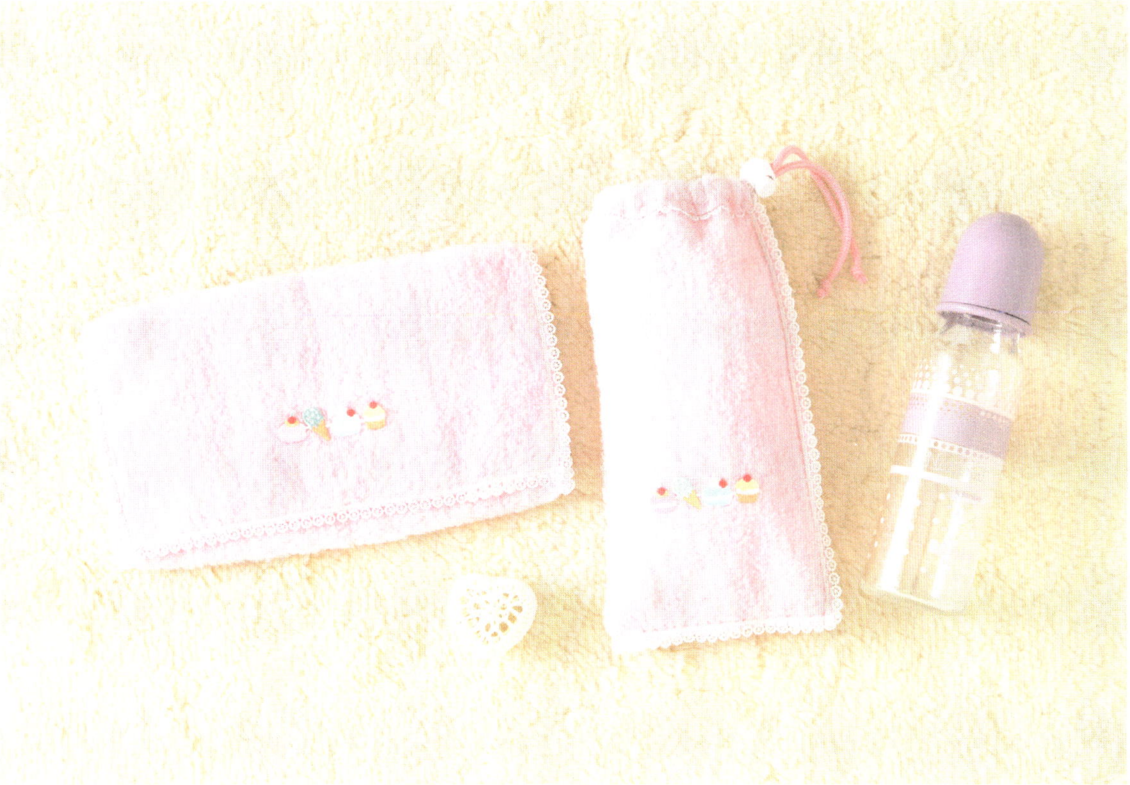

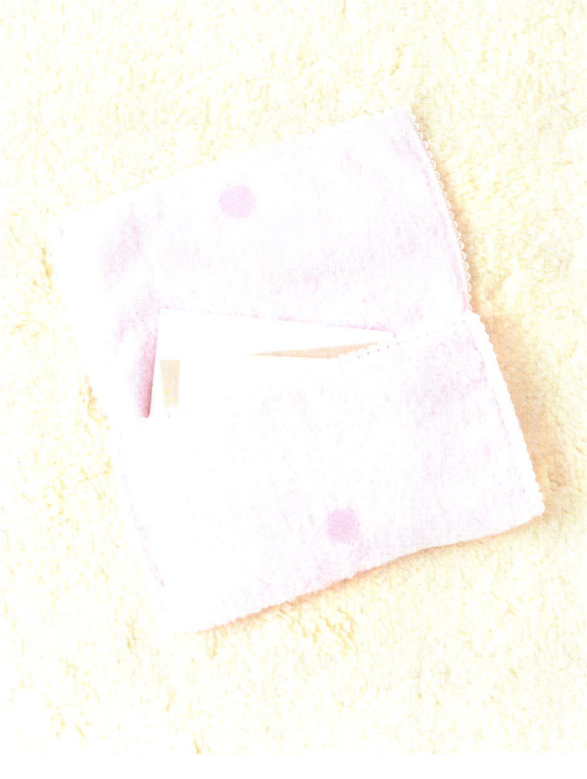

수첩 케이스와

우유병 케이스

항상 갖고 다니고 싶은 모자수첩 케이스.
우유병 케이스와 세트로 만들면 자질구레한 물건이
많은 가방 안에서도 금세 찾을 수 있습니다.
사용 소재 타월 손수건

수첩 케이스

Ready to do

| 준비물 |
수건 : 타월 손수건 약 26×26cm 2장
실 : 손바느질용 실(분홍색)
기타 : 프리 매직 스냅(직경 22mm 분홍색) 1쌍,
　　　　장식 마크 1장
| 완성품 크기 | 그림 참조

※ 프리 매직 스냅의 구입이 어렵다면 시중에 판매하는
　 벨크로테이프를 활용해 주세요.

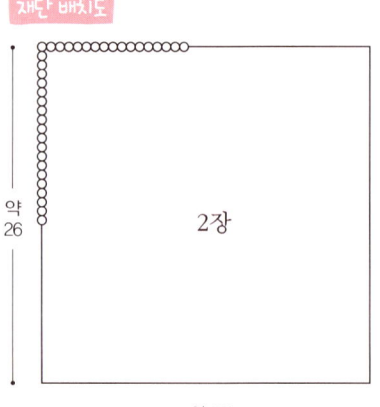

How to make

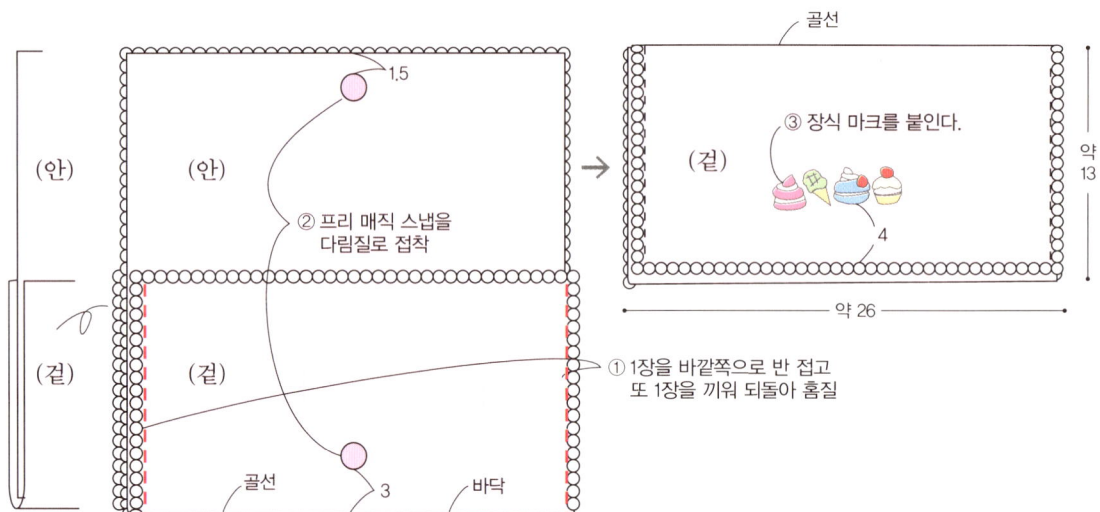

우유병 케이스

Ready to do

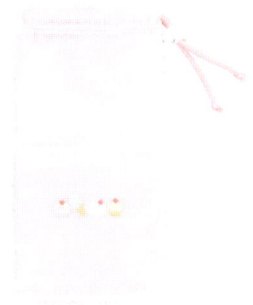

| 준비물 |

수건 : 타월 손수건 약 26×26cm 1장
실 : 손바느질용 실(분홍색)
기타 : 끈(굵기 5mm 분홍색) 50cm,
코드 스토퍼(흰색) 1개, 장식 마크 1장

| 완성품 크기 | 그림 참조

재단 배치도

약 26

1장

약 26

How to make

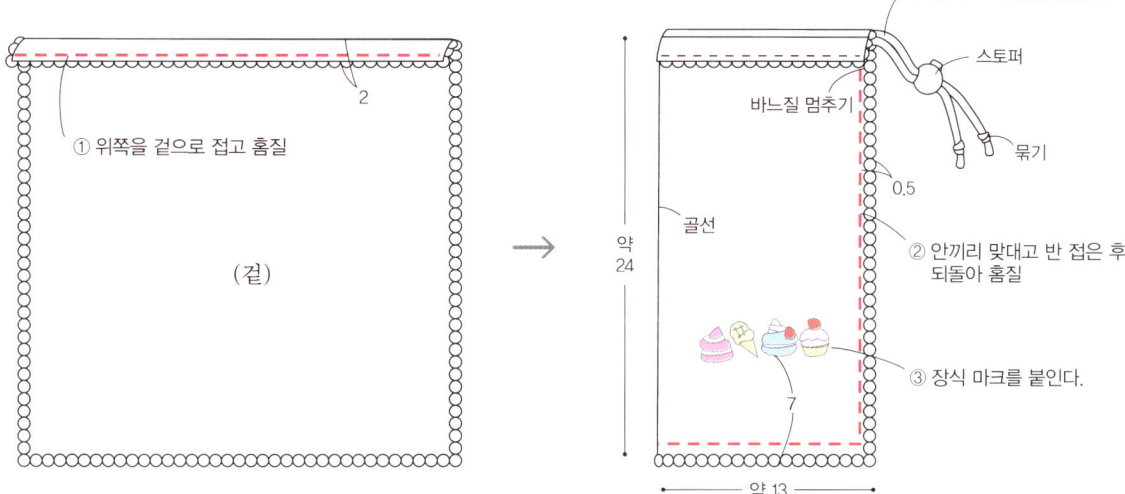

① 위쪽을 겉으로 접고 홈질

2

(겉)

④ 길이 50의 끈을 넣는다.

스토퍼

바느질 멈추기

묶기

0.5

② 안끼리 맞대고 반 접은 후
되돌아 홈질

③ 장식 마크를 붙인다.

약 24

골선

7

약 13

PART 2

기
어 다
닐 무
렵

| **SIZE** 70cm **TIME** 6개월~9개월 정도 |

이 시기의 아기들은 움직임이 왕성해집니다.

활발하게 돌아다니는 아기에게는

배가 나오지 않는 롬퍼스 타입을 추천합니다.

토끼 턱받이와
곰 턱받이

수건

턱받이는 여러 장 준비해 놓아야 할 아기의 필수품입니다.
가볍고 잘 마르고 피부에 무해한 소재로 만드세요.
사용 소재 편면 거즈

토끼 턱받이

Ready to do

| **도안** | 패턴 A면

| **준비물** |

수건 : 편면 거즈 약 33×90cm(분홍색) 1장
실 : 손바느질용 실(분홍색)
　　　손바느질용 스티치 실 MOCO(진분홍색)
기타 : 프리 매직 스냅(직경 22mm 분홍색) 1쌍
| **완성품 크기** | 그림 참조

※ 편면 거즈는 한 면은 거즈, 한 면은 타월 소재인
　거즈 타월입니다. 잘 마르고 자극이 적은 것이 특
　징입니다.

재단 배치도

○ 안의 숫자인 시접을 포함(단위는 cm)

골선
귀　　　귀
약 90
턱받이 ──①
단
─ 약 33 ─

거즈 면을 안쪽으로 해서 한 번 접는다.
(타월 면이 겉이 된다.)

How to make

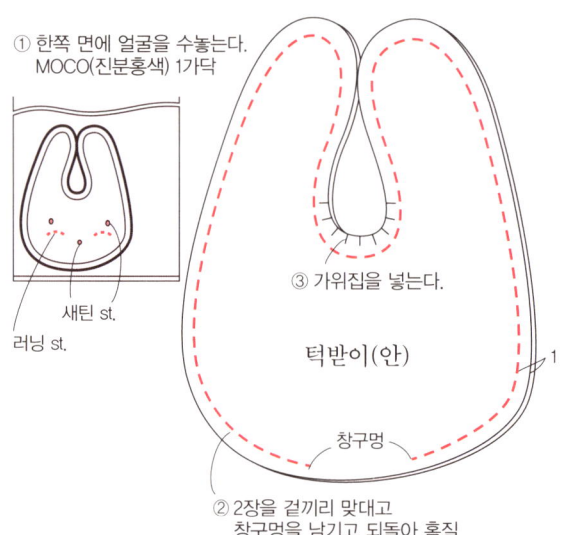

① 한쪽 면에 얼굴을 수놓는다.
　MOCO(진분홍색) 1가닥

새틴 st.
러닝 st.

③ 가위집을 넣는다.

턱받이(안)

1

창구멍

② 2장을 겉끼리 맞대고
　창구멍을 남기고 되돌아 홈질

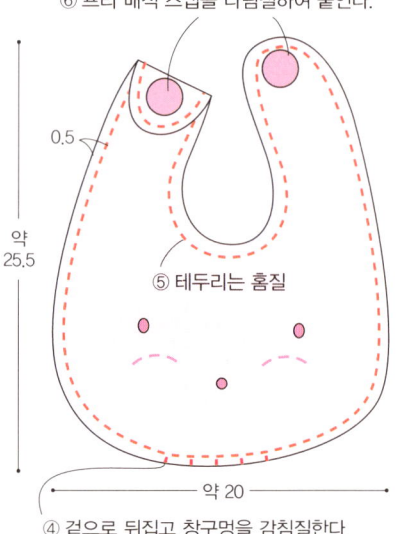

⑥ 프리 매직 스냅을 다림질하여 붙인다.

0.5

약 25.5

⑤ 테두리는 홈질

─ 약 20 ─

④ 겉으로 뒤집고 창구멍을 감침질한다.

곰 턱받이

● Ready to do

| 도안 | 패턴 A면

| 준비물 |

수건 : 편면 거즈 약 33×90cm(노란색) 1장

실 : 손바느질용 실(노란색)

　　　손바느질용 스티치 실 MOCO(주황색)

기타 : 프린트 면 테이프(폭 15mm) 70cm

| **완성품 크기** | 그림 참조

재단 배치도

○ 안의 숫자인 시접을 포함(단위는 cm)

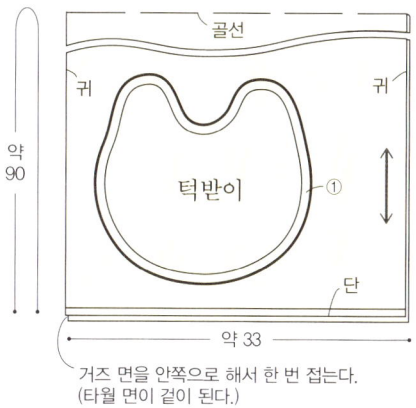

거즈 면을 안쪽으로 해서 한 번 접는다.
(타월 면이 겉이 된다.)

● How to make

① 한쪽 면에 얼굴을 수놓는다.
　MOCO(주황색) 1가닥

새틴 st.

러닝 st.

면테이프(안)

③ 가위집을 넣는다.

뒤 턱받이
(안)

창구멍

1

1.5

길이 35

② 2장을 겉끼리 맞대고
　그 사이에 면테이프를 끼운 다음
　창구멍을 남기고 되돌아 홈질

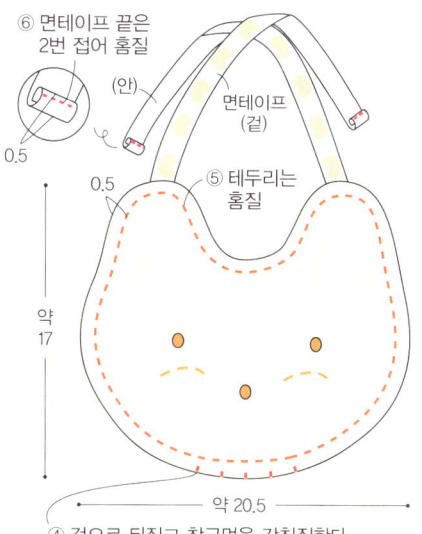

⑥ 면테이프 끝은
　2번 접어 홈질

(안)

0.5

면테이프
(겉)

⑤ 테두리는
　홈질

0.5

약 17

약 20.5

④ 겉으로 뒤집고 창구멍을 감침질한다.

멋쟁이 턱받이와

헤어밴드

수건

생일 파티에 입혀주고 싶은 예쁜 턱받이예요.
리본이 달린 헤어밴드 세트로 공주가 된 기분을 느낄 수 있어요.
사용 소재 페이스 타월

핸섬 턱받이와 왕관

수건

둥근 도넛 모양의 턱받이라면 움직임이 큰 아기의 침도 받아낼 수 있어요.
폭신한 타월로 만든 왕관은 머리를 부드럽게 감싸줍니다.
사용 소재 페이스 타월

멋쟁이 턱받이와 헤어밴드

재단 배치도

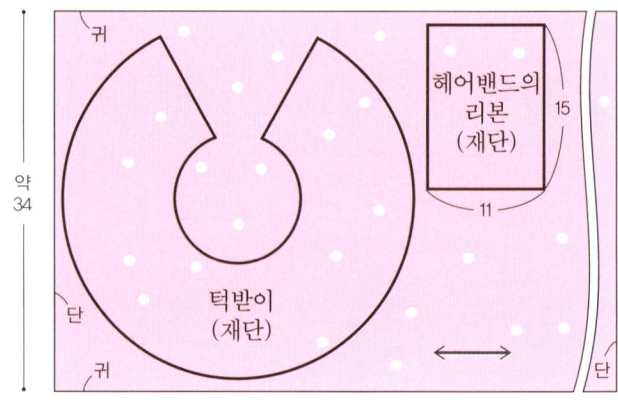

귀

헤어밴드의
리본
(재단)

15

11

약 34

단

귀

턱받이
(재단)

단

약 80

| 도안 | 패턴 A면

| 준비물 |

수건 : 페이스 타월 약 34×80cm 1장

실 : 손바느질용 실(분홍색)

기타 : 니트테이프(폭 11mm 분홍색) 약 270cm, 고무테이프
(폭 5mm) 40cm, 프리 매직 스냅(직경 22mm 분홍색)
1쌍, 플라스틱 스냅(직경 13mm) ㅁ凹 2개 · 凸 1개

| 완성품 크기 | 그림 참조

※ 프리 매직 스냅의 구입이 어렵다면 시중에 판매하는 벨크로테이프
를 활용해 주세요.

● <u>How to make</u>

턱받이

(안) 겉끼리 맞댄다. (겉) 감싸고 감침질

턱받이와 니트테이프를
겉끼리 맞대고 홈질

(겉)

(안)

*각진 부분 꿰매기

니트테이프
(안)

(겉)

바로 앞까지
홈질

1

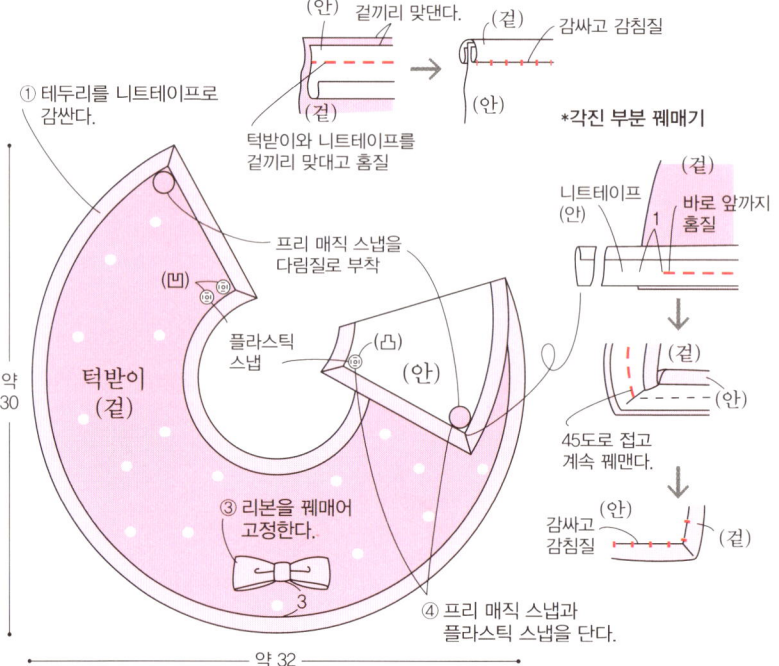

① 테두리를 니트테이프로
감싼다.

프리 매직 스냅을
다림질로 부착

(凹)

플라스틱
스냅

(凸)

(안)

약 30

턱받이
(겉)

③ 리본을 꿰매어
고정한다.

3

④ 프리 매직 스냅과
플라스틱 스냅을 단다.

(겉)

(안)

45도로 접고
계속 꿰맨다.

감싸고
감침질

(안)

(겉)

약 32

② 리본을 만든다.

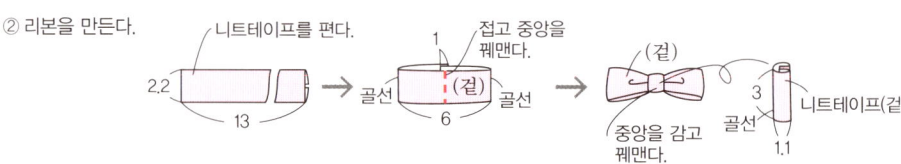

니트테이프를 편다.

2.2

13

접고 중앙을
꿰맨다.

1

골선

(겉)

골선

6

(겉)

중앙을 감고
꿰맨다.

3

골선

1.1

니트테이프(겉)

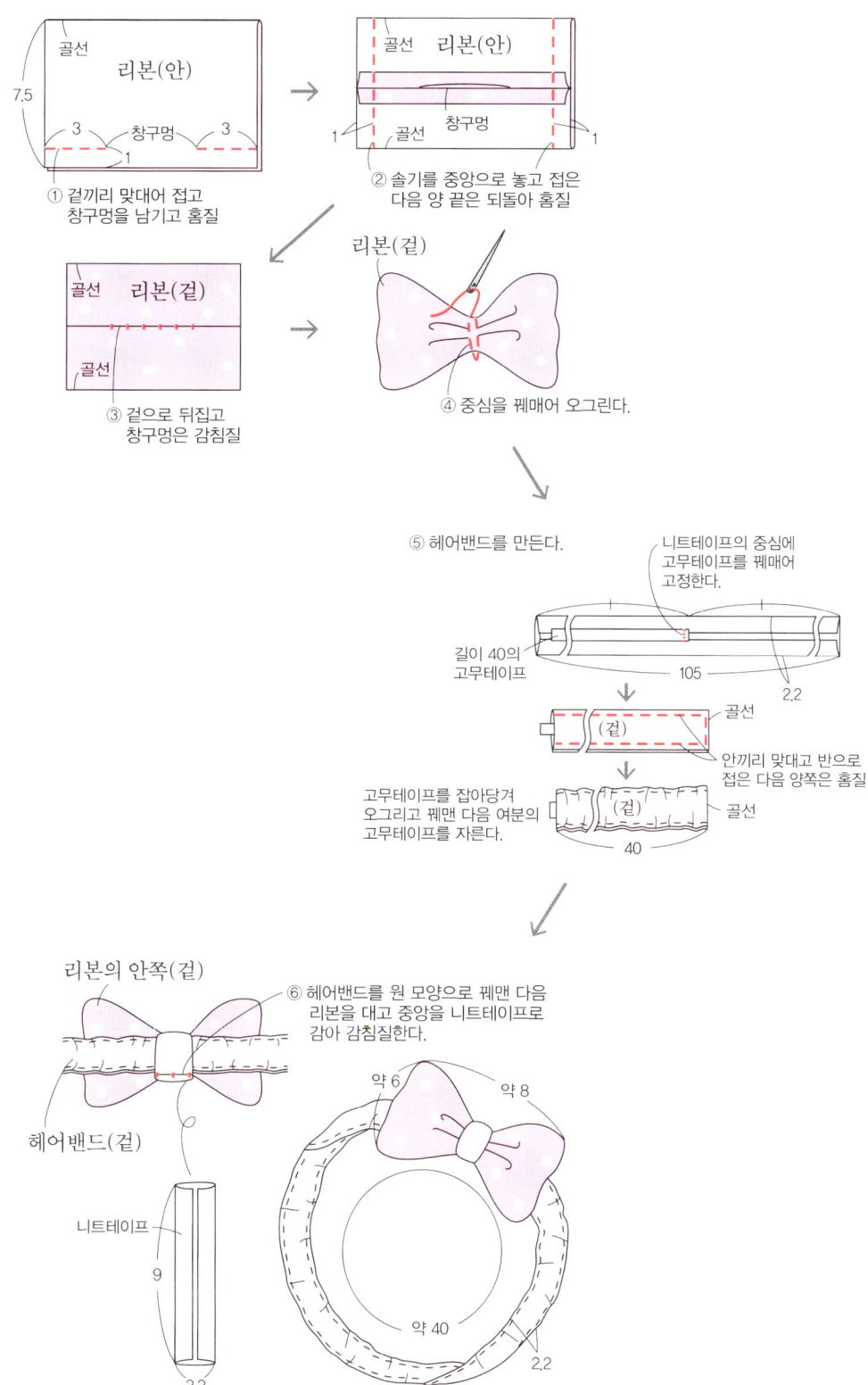

① 겉끼리 맞대어 접고
창구멍을 남기고 홈질

7.5

골선
리본(안)
3 창구멍 3
1

② 솔기를 중앙으로 놓고 접은
다음 양 끝은 되돌아 홈질

골선 리본(안)
창구멍
골선
1 1

③ 겉으로 뒤집고
창구멍은 감침질

골선 리본(겉)
골선

④ 중심을 꿰매어 오그린다.

리본(겉)

⑤ 헤어밴드를 만든다.

니트테이프의 중심에
고무테이프를 꿰매어
고정한다.

길이 40의
고무테이프
105
2.2

골선
(겉)
안끼리 맞대고 반으로
접은 다음 양쪽은 홈질

고무테이프를 잡아당겨
오그리고 꿰맨 다음 여분의
고무테이프를 자른다.

(겉)
골선
40

⑥ 헤어밴드를 원 모양으로 꿰맨 다음
리본을 대고 중앙을 니트테이프로
감아 감침질한다.

리본의 안쪽(겉)

헤어밴드(겉)

니트테이프

9

2.2

약 6 약 8

약 40

2.2

핸섬 턱받이

Ready to do

| **도안** | 패턴 A면

| **준비물** |

수건 : 페이스 타월 약 34×80cm 1장

실 : 손바느질용 실(하늘색)

기타 : 니트테이프(폭 11mm 파란색) 160cm, 프리 매직 스냅(직경 22mm
하늘색) 1쌍, 플라스틱 스냅(직경 13mm) ∪ 2개 · ∩ 1개

| **완성품 크기** | 그림 참조

※ 프리 매직 스냅의 구입이 어렵다면 시중에 판매하는 벨크로테이프를 활용해 주
세요.

How to make

※ p.54와 동일

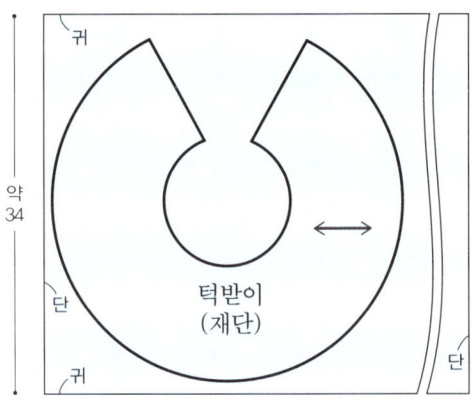

재단 배치도

귀

약
34

단

턱받이
(재단)

귀

단

약 80

프리 매직 스냅

(凹)

플라스틱 스냅

턱받이
(겉)

(凸)

약
30

프리 매직 스냅

3

약 32

Making tip · 스냅 달기

② 넣음

⑤ 나옴

④ 넣음

③ 나옴

천(겉)

① 나옴

천 안쪽에서
바늘을 뺀다.

2바퀴 돌림

스냅 밑에서 매듭을
지은 후 한 땀 꿰매고
실을 자른다.

왕관

● Ready to do

| 도안 | p.110

| 준비물 |

수건 : 페이스 타월 약 34×85cm 1장

실 : 손바느질용 실(흰색)

기타 : 니트테이프(폭 11mm 흰색) 30cm, 고무테이프(폭 5mm) 10cm, 펠트 볼(직경 10mm 연노란색) 5개

| 완성품 크기 | 그림 참조

재단 배치도

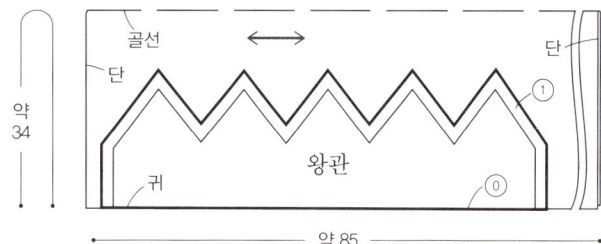

○ 안의 숫자인 시접을 포함(단위는 cm)

골선

단

약 34

귀

단

①

왕관

⓪

약 85

● How to make

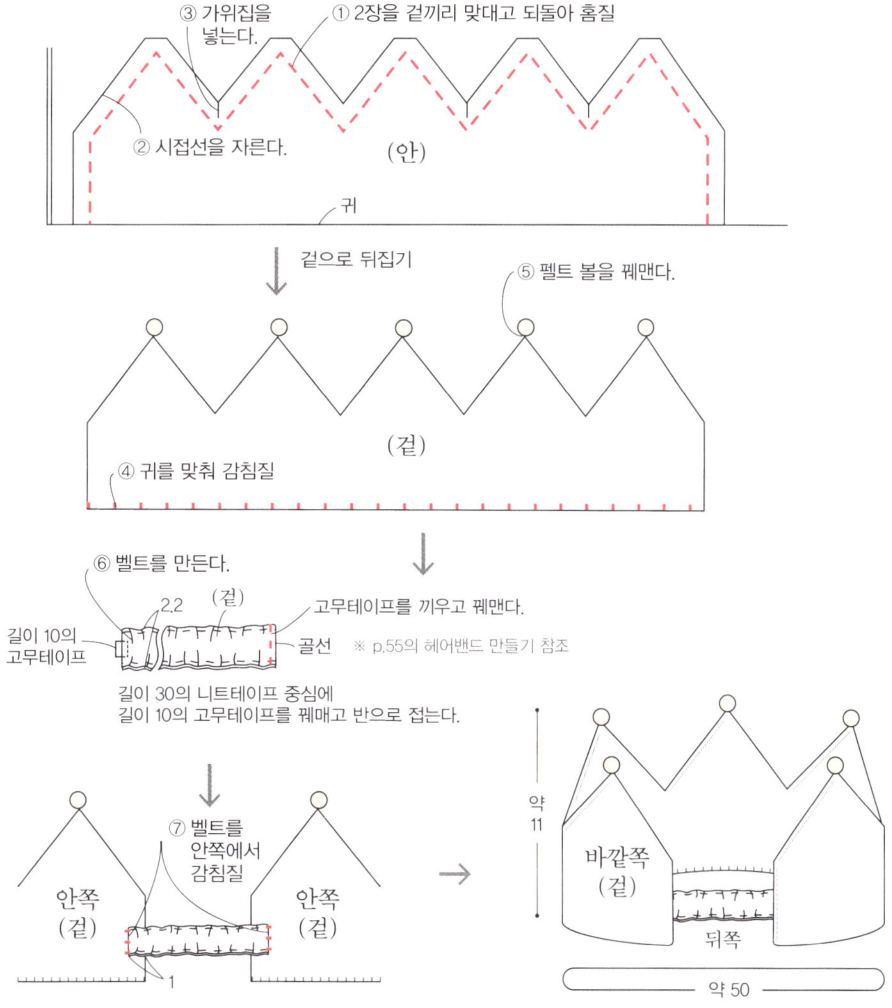

③ 가위집을 넣는다.

① 2장을 겉끼리 맞대고 되돌아 홈질

② 시접선을 자른다.

(안)

귀

겉으로 뒤집기

⑤ 펠트 볼을 꿰맨다.

(겉)

④ 귀를 맞춰 감침질

⑥ 벨트를 만든다.

2.2 (겉)

길이 10의 고무테이프

골선

고무테이프를 끼우고 꿰맨다.

※ p.55의 헤어밴드 만들기 참조

길이 30의 니트테이프 중심에 길이 10의 고무테이프를 꿰매고 반으로 접는다.

⑦ 벨트를 안쪽에서 감침질

안쪽 (겉)

안쪽 (겉)

1

약 11

바깥쪽 (겉)

뒤쪽

약 50

볼레로와 롬퍼스

수건

볼레로와 롬퍼스 모두 페이스 타월로 만듭니다.
롬퍼스는 맨살에 입거나 티셔츠 위에 겹쳐 입을 수도 있어요.
사용 소재 페이스 타월

볼레로

Ready to do

| **도안** | 테두리 제도만

| **준비물** |

수건 : 페이스 타월 약 34×85cm 1장

실 : 손바느질용 실(연녹색)

기타 : 니트테이프(폭 11mm 연녹색) 180cm

단추(직경 1.5cm 연녹색) 1개

| **완성품 크기** | 그림 참조

재단 배치도

□ 안의 숫자인 시접을 포함(단위는 cm)

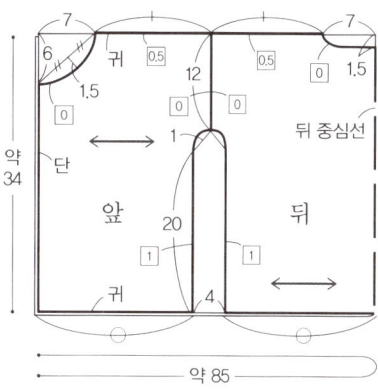

How to make

1 어깨를 꿰맨다.

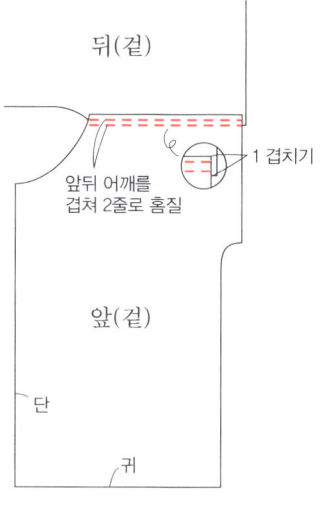

뒤(겉)

1 겹치기

앞뒤 어깨를
겹쳐 2줄로 홈질

앞(겉)

단

귀

2 옆선을 꿰매고 니트테이프로 감싼다.

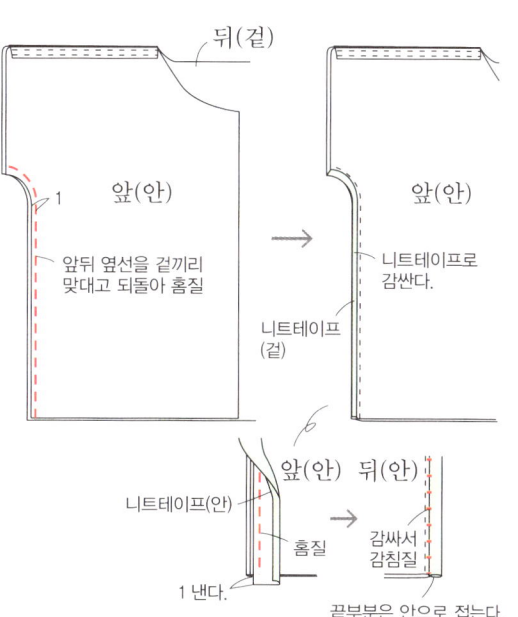

뒤(겉)

앞(안)

1

앞뒤 옆선을 겉끼리
맞대고 되돌아 홈질

니트테이프
(겉)

앞(안)

니트테이프로
감싼다.

니트테이프(안)

앞(안) 뒤(안)

홈질

감싸서
감침질

1 낸다.

끝부분은 안으로 접는다.

3 소맷부리·목둘레를 니트테이프로 감싸고 루프와 단추를 단다.

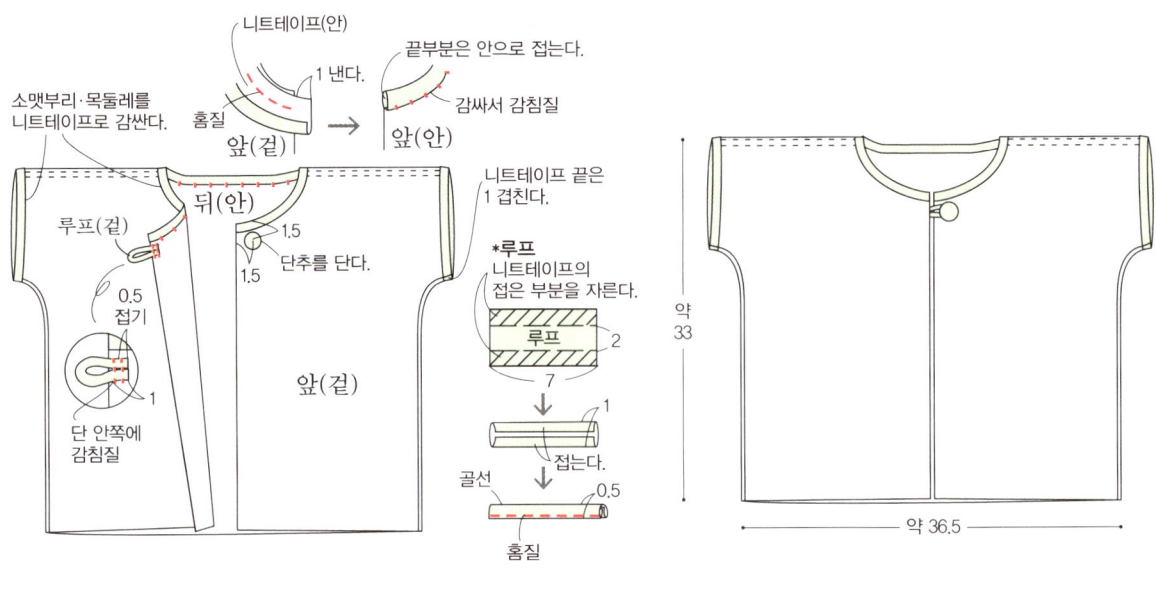

니트테이프(안)

1 낸다.

끝부분은 안으로 접는다.

소맷부리·목둘레를
니트테이프로 감싼다.

홈질

앞(겉)

감싸서 감침질

앞(안)

니트테이프 끝은
1 겹친다.

뒤(안)

루프(겉)

1.5

단추를 단다.

1.5

*루프
니트테이프의
접은 부분을 자른다.

0.5
접기

루프 2

7

앞(겉)

단 안쪽에
감침질

1

1

접는다.

골선

0.5

홈질

약
33

약 36.5

· ·

롬퍼스

● Ready to do

| **도안** | 테두리 제도만

| **준비물** |
수건 : 페이스 타월 약 34×85cm 1장
실 : 손바느질용 실(연녹색)
기타 : 니트테이프(폭 11mm 연녹색) 160cm
줄 스냅 단추(폭 18mm) 약 15cm
고무테이프 가슴용(폭 9mm) 40cm,
밑단용(폭 5mm) 50cm

| **완성품 크기** | 그림 참조

재단 배치도

□ 안의 숫자인 시접을 포함(단위는 cm)

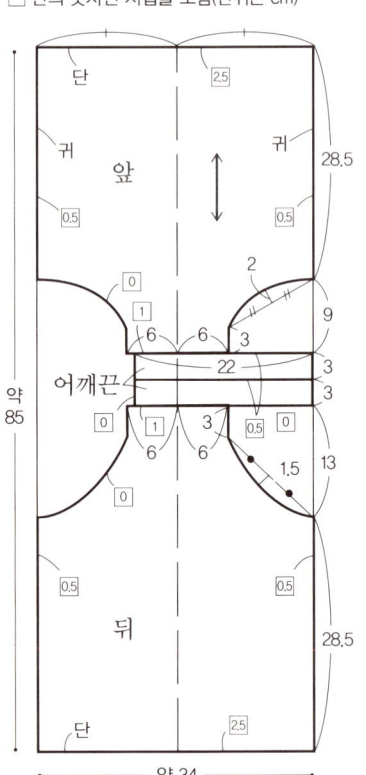

단

귀

앞

귀

28.5

0.5

0.5

2.5

0

1

2

9

6

6

3

22

3

어깨끈

0

1

3

0.5

0

6

6

1.5

13

0

0.5

0.5

뒤

28.5

약
85

단

2.5

약 34

1 옆선을 꿰맨다.

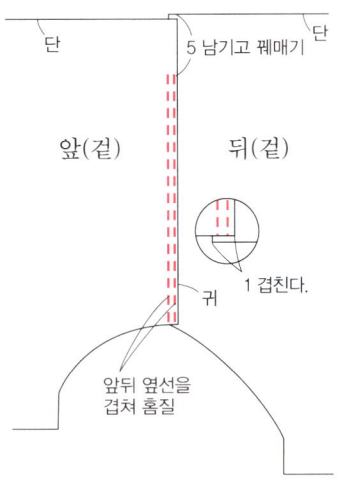

단

5 남기고 꿰매기

단

앞(겉)

뒤(겉)

1 겹친다.

귀

앞뒤 옆선을
겹쳐 홈질

2 상단을 접어 꿰매고 고무테이프를 끼운다.

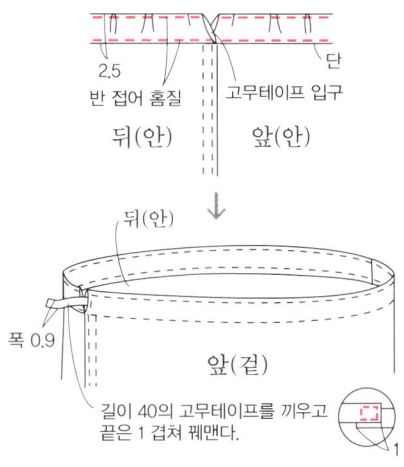

2.5

반 접어 홈질

고무테이프 입구

단

뒤(안)

앞(안)

뒤(안)

폭 0.9

앞(겉)

길이 40의 고무테이프를 끼우고
끝은 1 겹쳐 꿰맨다.

1

**3 밑단을 니트테이프로 감싸고
고무테이프를 끼운다.**

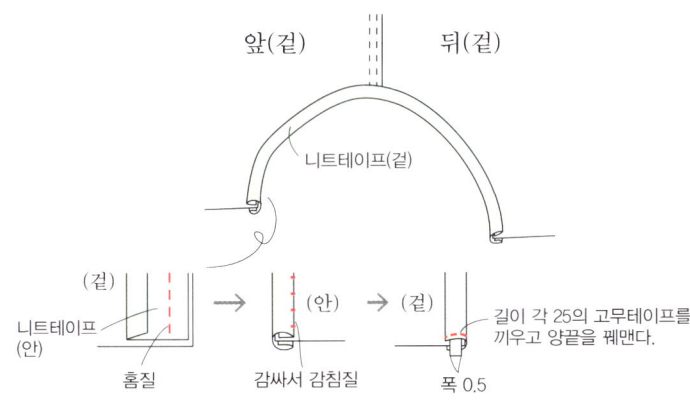

앞(겉)

뒤(겉)

니트테이프(겉)

니트테이프
(안)

(겉)

(안)

(겉)

홈질

감싸서 감침질

폭 0.5

길이 각 25의 고무테이프를
끼우고 양끝을 꿰맨다.

4 가랑이에 줄 스냅 단추를 단다.

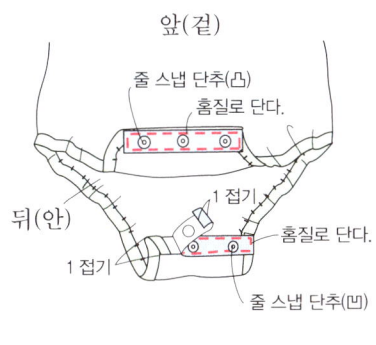

앞(겉)

줄 스냅 단추(凸)

홈질로 단다.

뒤(안)

1 접기

1 접기

홈질로 단다.

줄 스냅 단추(凹)

5 어깨끈을 만들어 본체에 단다.

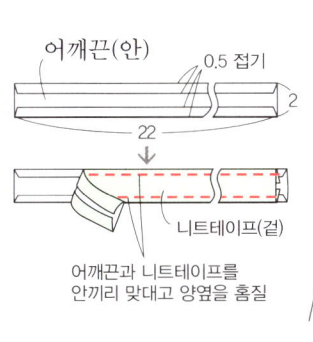

어깨끈(안)

0.5 접기

2

22

니트테이프(겉)

어깨끈과 니트테이프를
안끼리 맞대고 양옆을 홈질

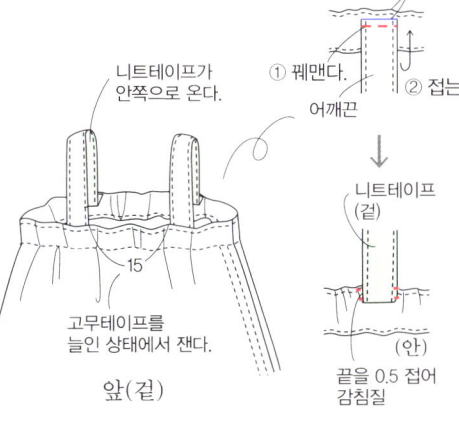

니트테이프가
안쪽으로 온다.

15

고무테이프를
늘인 상태에서 잰다.

앞(겉)

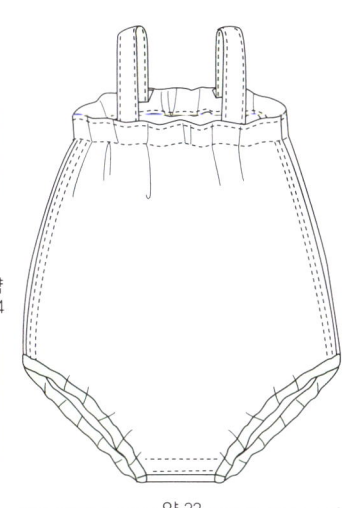

0.5

① 꿰맨다.

어깨끈

② 접는다.

니트테이프
(겉)

(안)

끝을 0.5 접어
감침질

약
34

약 33

땀받이

수건

땀을 많이 흘리는 아기의 등에 넣어 땀을 흡수해주는 편리한 땀받이입니다.
주머니가 달려 있으므로 엄마가 손을 넣어 사용할 수 있습니다.
사용 소재 페이스 타월

땀받이

| **도안** | 패턴 B면
| **준비물** |
수건 : 페이스 타월 약 34×80cm 1장
실 : 손바느질용 실(흰색)
| **완성품 크기** | 그림 참조

재단 배치도

○ 안의 숫자인 시접을 포함(단위는 cm)

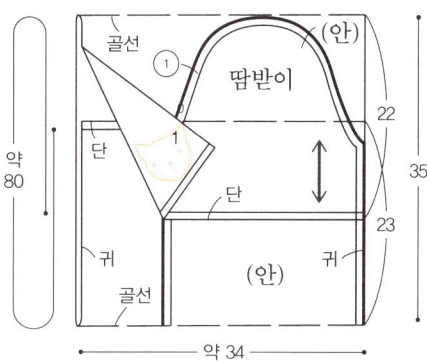

How to make

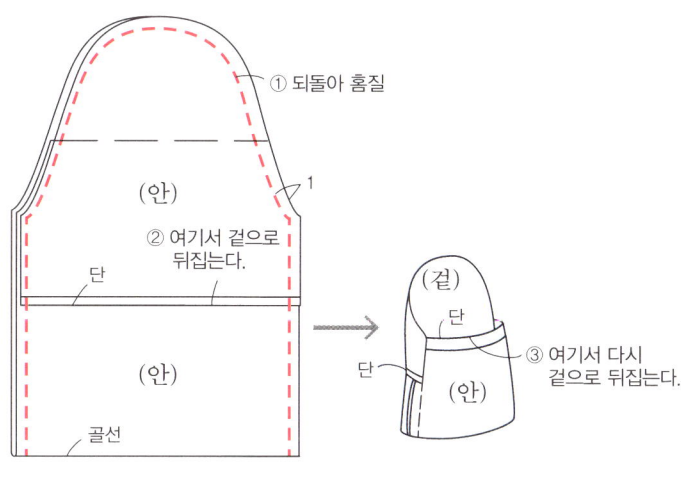

① 되돌아 홈질

(안)

② 여기서 겉으로
뒤집는다.

단

(안)

골선

1

(겉)

단

단

(안)

③ 여기서 다시
겉으로 뒤집는다.

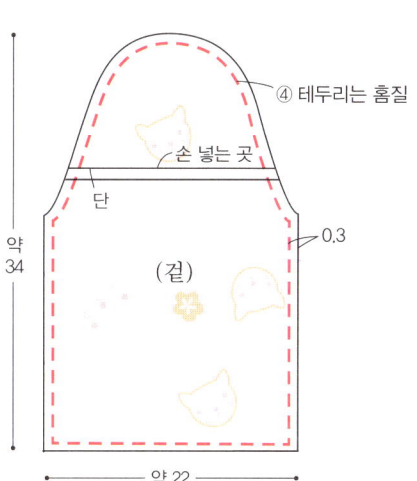

④ 테두리는 홈질

손 넣는 곳

단

약
34

(겉)

0.3

약 22

식사용

에이프런

수건

턱받이보다 좀 더 큼직한 타월로 만든 에이프런입니다.
식사 시간이 매일매일 행복해집니다.
사용 소재 페이스 타월

식사용 에이프런

Ready to do

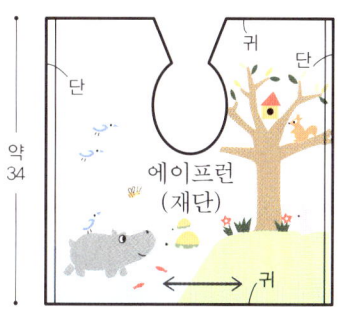

재단 배치도

약 34

귀
단
단
귀

에이프런
(재단)

약 37

| 도안 | 패턴 A면

| 준비물 |

수건 : 페이스 타월 약 34×37cm 1장
실 : 손바느질용 실(하늘색 또는 베이지색)
기타 : 니트테이프(폭 11mm 파란색 또는 분홍색) 90cm
　　　프리 매직 스냅(직경 22mm 흰색 또는 분홍색) 1쌍

| 완성품 크기 | 그림 참조

※ 프리 매직 스냅의 구입이 어렵다면 시중에 판매하는 벨크로테이프를 활용해
　 주세요.

How to make

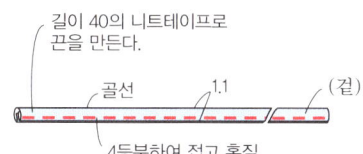

길이 40의 니트테이프로
끈을 만든다.

골선　　1.1　　(겉)

4등분하여 접고 홈질

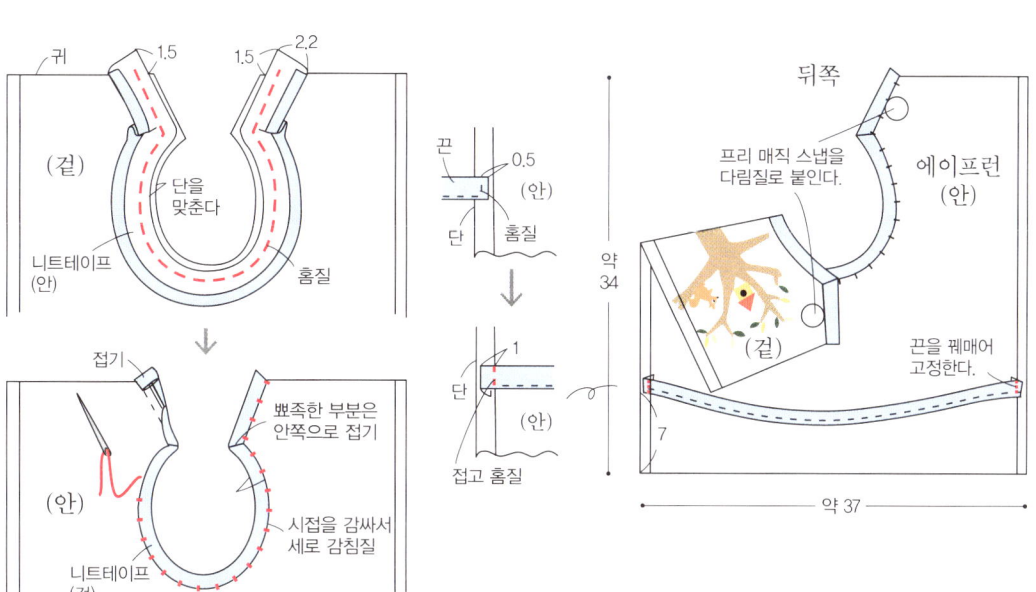

귀　　1.5　　1.5　　2.2

(겉)

단을
맞춘다

니트테이프
(안)

홈질

접기

(안)

니트테이프
(겉)

뾰족한 부분은
안쪽으로 접기

시접을 감싸서
세로 감침질

끈　　0.5

(안)

단　　홈질

단

1

(안)

접고 홈질

뒤쪽

프리 매직 스냅을
다림질로 붙인다.

에이프런
(안)

약 34

(겉)

끈을 꿰매어
고정한다.

7

약 37

065

PART 3

아장아장 걸을 무렵

| SIZE 80cm **TIME** 12개월~18개월까지 |

걷기 시작할 때는 입히기 쉽고

활동하기 편한 옷이 좋습니다.

종이 기저귀를 부드럽게 감싸는 블루머는

소재와 무늬가 다른 것으로 여러 장 만들어 두세요.

블라우스와 블루머

주방
수건

주방수건을 이용하여 손쉽게 완성하는 블라우스와 블루머.
각각 수건 1장으로 만들 수 있는 간편함이 매력입니다.
사용 소재 주방수건

블라우스

Ready to do

| 도안 | 패턴 B면
| 준비물 |
주방수건 : 거즈 약 36×90cm 1장
실 : 손바느질용 실(분홍색)
기타 : 거즈 바이어스테이프(폭 12.7mm 분홍색)
　　　 70cm, 고무테이프 목둘레용(폭 5mm)
　　　 30cm

| 완성품 크기 | 그림 참조

재단 배치도

☐ 안의 숫자인 시접을 포함(단위는 cm)

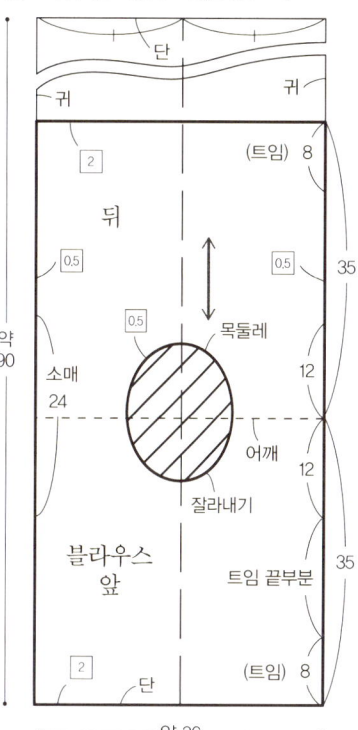

How to make

1 목둘레에 바이어스테이프를 단다.

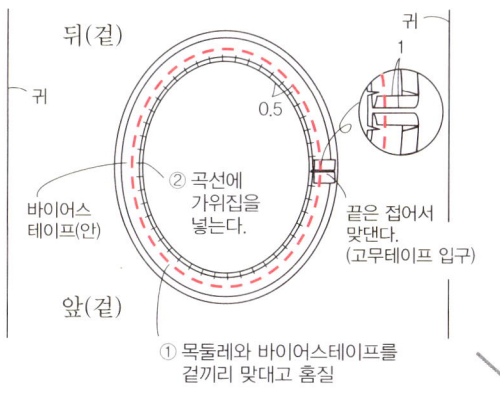

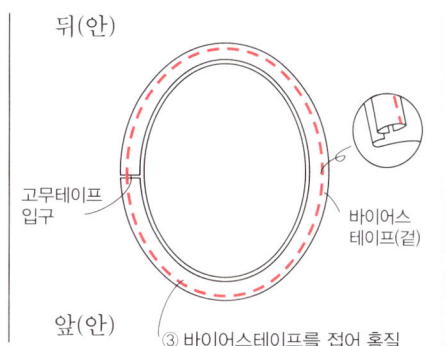

069

2 앞뒤의 옆선을 겹쳐서 꿰맨다.

① 안끼리 맞대고
반 접는다.

소매
12

소매
12

귀

귀

1

앞(겉)

② 옆선을 겹쳐서 홈질

8

(트임)

(트임)

8

트임
끝부분

뒤(겉)

3 밑단을 꿰매고 목둘레에 고무테이프를 넣는다.

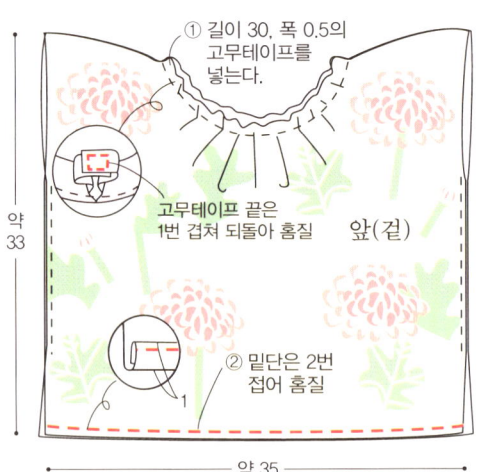

① 길이 30, 폭 0.5의
고무테이프를
넣는다.

고무테이프 끝은
1번 겹쳐 되돌아 홈질

앞(겉)

약
33

② 밑단은 2번
접어 홈질

1

약 35

블루머

※ p.23 분리형 배내옷의 블루머 만드는 방법 참조

🌸 **Ready to do**

| **도안** | 패턴 B면

| **준비물** |
주방수건 : 거즈 약 35×90cm 1장
실 : 손바느질용 실(분홍색)
기타 : 거즈 바이어스테이프(폭 12.7mm
분홍색) 70cm, 고무테이프 허리용
(폭 9mm) 43cm, 밑단용(폭 5mm)
50cm

| **완성품 크기** | 그림 참조

재단 배치도

□ 안의 숫자인 시접을 포함(단위는 cm)

귀

단

약
35

단

블루머

0.5

뒤

3

앞

귀

0.5

0.5

3

약 90

🌸 **How to make**

약 20

약
21

허리…길이 43, 폭 0.9의
고무테이프를 넣는다.

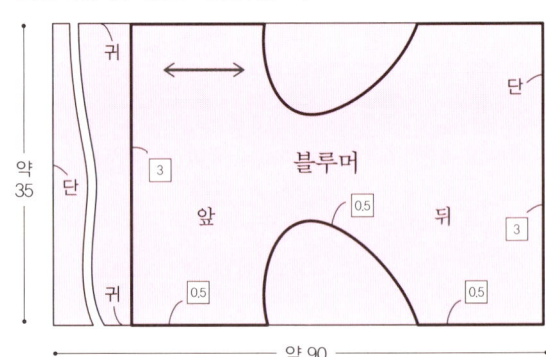

고무테이프 끝은
1번 겹쳐 되돌아 홈질

밑단…길이 25, 폭 0.5의
고무테이프를 넣는다.

토끼 잠옷

수건

어깨와 옆면을 줄 스냅 단추로 고정해 입고 벗기 편한 잠옷입니다.
토끼의 윤곽을 수놓는 동안에도 행복감을 맛볼 수 있어요.
사용 소재 바스 타월

토끼 잠옷

| 도안 | 패턴 B면
| 준비물 |
수건 : 바스 타월 약 70×140cm 1장
실 : 손바느질용 실(크림색)
　　손바느질용 스티치 실 MOCO(노란색)
기타 : 니트테이프(폭 11mm 크림색) 340cm
　　줄 스냅 단추(폭 18mm) 약 57cm
| 완성품 크기 | 그림 참조

○ 안의 숫자인 시접을 포함(단위는 cm)

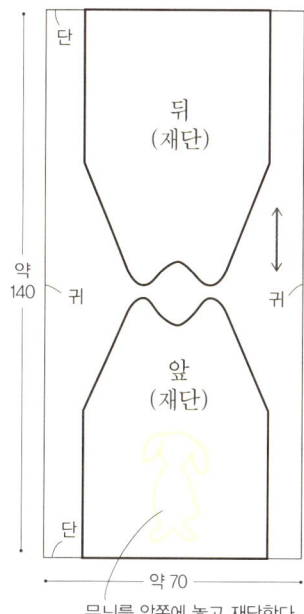

무늬를 앞쪽에 놓고 재단한다.

How to make

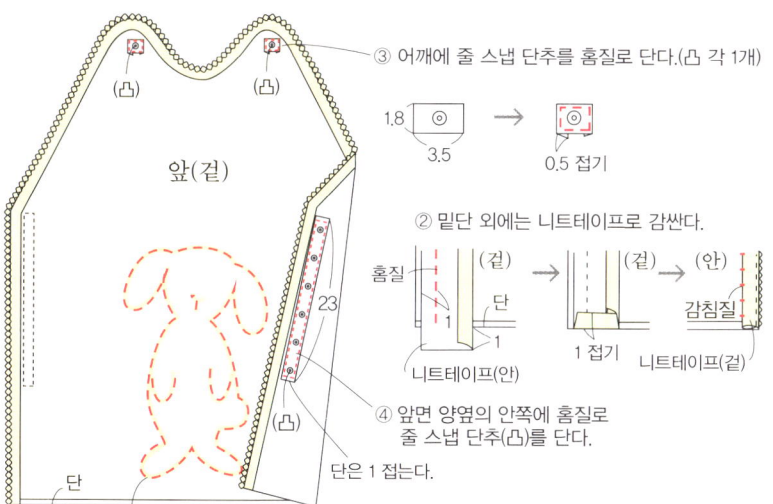

③ 어깨에 줄 스냅 단추를 홈질로 단다.(凸 각 1개)

② 밑단 외에는 니트테이프로 감싼다.

④ 앞면 양옆의 안쪽에 홈질로 줄 스냅 단추(凸)를 단다.

단은 1 접는다.

① 토끼 무늬 테두리에 MOCO(노란색) 1가닥으로 러닝 st.를 한다.

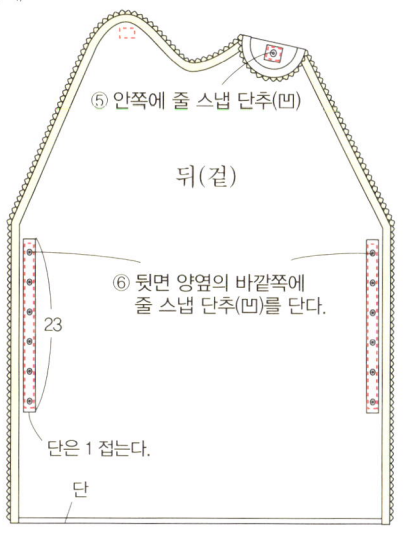

⑤ 안쪽에 줄 스냅 단추(凹)

뒤(겉)

⑥ 뒷면 양옆의 바깥쪽에 줄 스냅 단추(凹)를 단다.

단은 1 접는다.

단

동물 마스코트

수건

마스코트 본체에
테이프를 꿰매어 달고 클립으로
고정한 동물 마스코트.
유모차 등에 장착할 수 있습니다.
사용 소재 게스트 타월

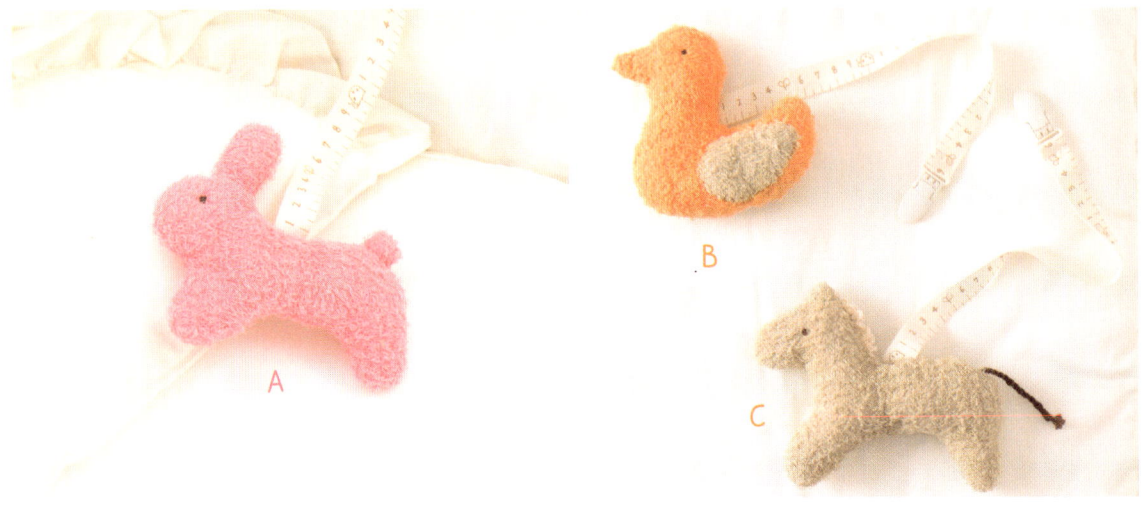

A

B

C

마스코트 A

Ready to do

| **도안** | p.104

| **준비물** |
수건 : 게스트 타월 또는 타월 손수건(분홍
색) 약 34×40cm 1장
실 : 손바느질용 실(분홍색)
손바느질용 스티치 실 MOCO(갈색)
기타 : 면테이프(폭 15mm 자 무늬) 30cm,
표백하지 않은 실, 피시클립(멀티클
립) 1개, 나팔 1개, 솜 적당량
| **완성품 크기** | 그림 참조

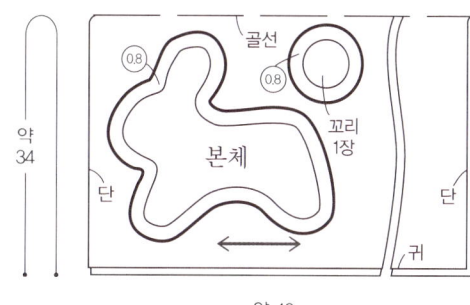

재단 배치도

○ 안의 숫자인 시접을 포함(단위는 cm)

골선
0.8
0.8
꼬리
1장
약
34
본체
단
단
귀

약 40

How to make

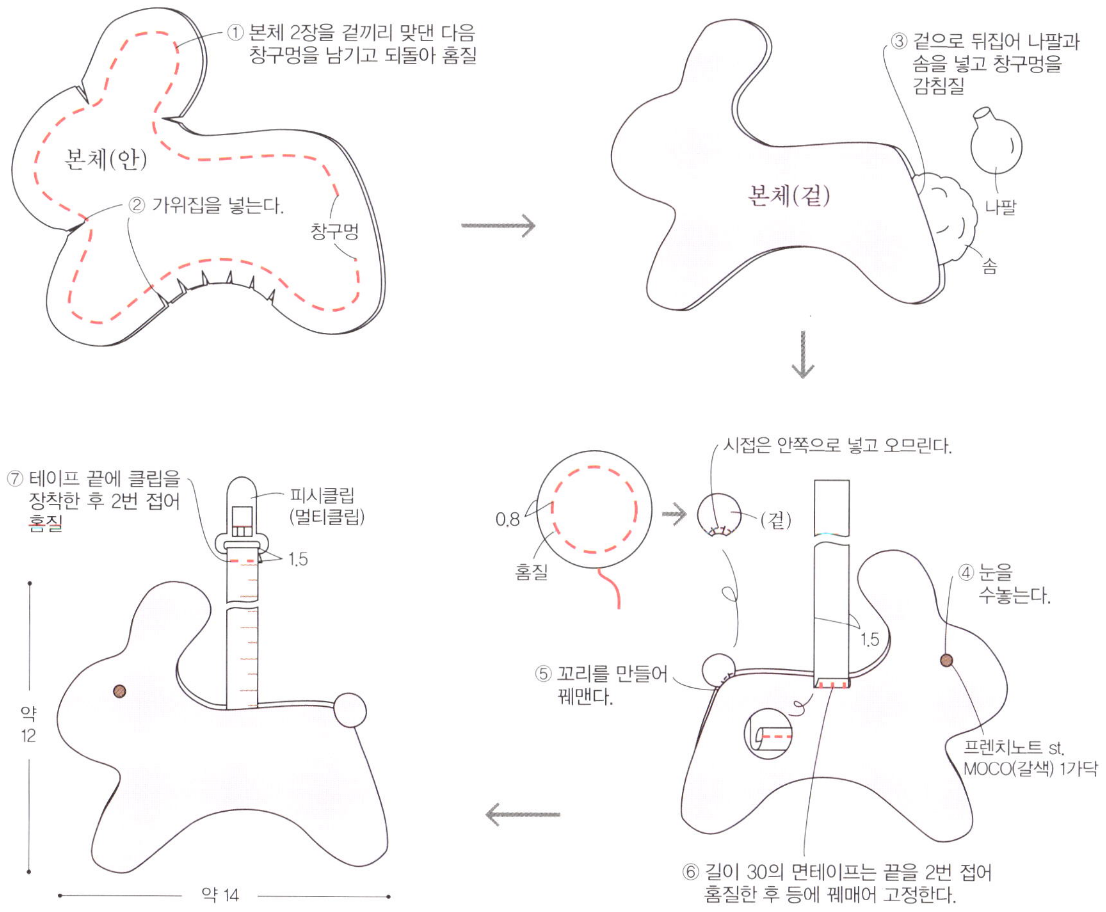

① 본체 2장을 걸끼리 맞댄 다음
창구멍을 남기고 되돌아 홈질

본체(안)

② 가위집을 넣는다.

창구멍

③ 겉으로 뒤집어 나팔과
솜을 넣고 창구멍을
감침질

본체(겉)

나팔

솜

⑦ 테이프 끝에 클립을
장착한 후 2번 접어
홈질

피시클립
(멀티클립)

1.5

약
12

약 14

시접은 안쪽으로 넣고 오므린다.

0.8

홈질

(겉)

1.5

⑤ 꼬리를 만들어
꿰맨다.

④ 눈을
수놓는다.

프렌치노트 st.
MOCO(갈색) 1가닥

⑥ 길이 30의 면테이프는 끝을 2번 접어
홈질한 후 등에 꿰매어 고정한다.

075

마스코트 B

Ready to do

| 도안 | p.105
| 준비물 |
수건 : 게스트 타월 또는 타월 손수건(노란색) 약 34×40cm 1장, 베이지색 약간
실 : 손바느질용 실(카키색)
　　 손바느질용 스티치 실 MOCO(갈색)
기타 : 면테이프(폭 15mm 자 무늬) 30cm, 표백하지 않은 실, 피시클립(멀티클립) 1개,
　　　나팔 1개, 솜 적당량
| 완성품 크기 | 그림 참조

재단 배치도

○ 안의 숫자인 시접을 포함(단위는 cm)

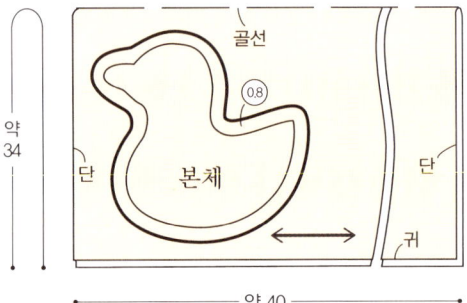

How to make

※ A 만드는 방법 참조

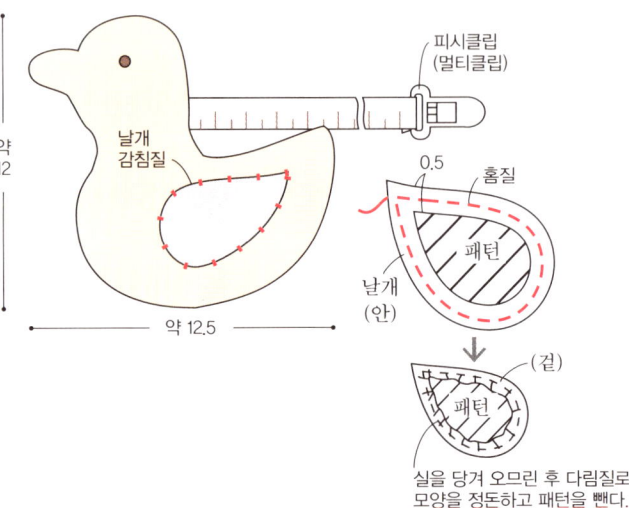

실을 당겨 오므린 후 다림질로
모양을 정돈하고 패턴을 뺀다.

마스코트 C

● Ready to do

| 도안 | p.106

| 준비물 |

수건 : 게스트 타월 또는 타월 손수건(베이지색) 약 34×40cm 1장
실 : 손바느질용 실(베이지색)
     손바느질용 스티치 실 MOCO(갈색)
기타 : 레이스테이프(폭 7mm) 10cm, 면테이프(폭 15mm 자 무늬) 30cm,
       표백하지 않은 실, 피시클립(멀티클립) 1개, 나팔 1개, 솜 적당량

| 완성품 크기 | 그림 참조

재단 배치도

○ 안의 숫자인 시접을 포함(단위는 cm)

골선
B의 날개
(0.8)
(0.8)
약 34
단
본체
단
귀
약 40

● How to make

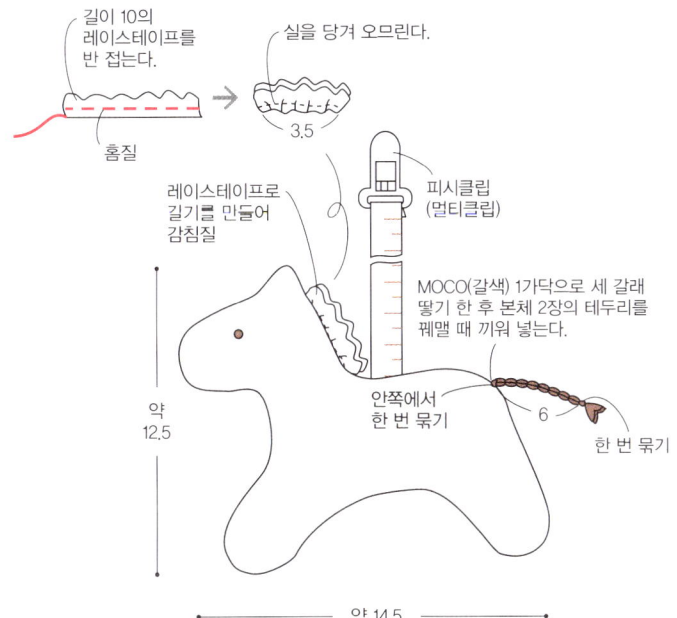

길이 10의
레이스테이프를
반 접는다.

홈질

실을 당겨 오므린다.

3.5

레이스테이프로
길기를 만들어
감침질

피시클립
(멀티클립)

MOCO(갈색) 1가닥으로 세 갈래
땋기 한 후 본체 2장의 테두리를
꿰맬 때 끼워 넣는다.

약 12.5

안쪽에서
한 번 묶기

6

한 번 묶기

약 14.5

수건 그림책

주방
수건

수건을 접어서 만든 본체에 *아플리케를 한
천 그림책입니다. 바구니, 가지, 배, 비행기 등이
튀어나오는 장치가 재미있네요.
한 장씩 넘기면서 아기에게 이야기를 들려주세요.
사용 소재 주방수건

* 천이나 가죽 등을 적당한 형태로 잘라서 깁거나 붙이는 기법을
  말합니다.

수건 그림책

● Ready to do

| 도안 | 패턴 B면

| 준비물 |

주방수건 : 거즈 약 35×90cm 1장, 채소·쿠키·탈 것 등 다
양한 그림 여러 장

실 : 손바느질용 실(흰색·빨간색·갈색·보라색·노란색·황
록색·분홍색·하늘색)
손바느질용 스티치 실 MOCO(주황색·파란색·보라색)

기타 : 인조가죽 점착시트(노란색) 15×15cm, 단추(직경
1cm 노란색·황록색) 각 1개, (직경 1.5cm 꽃 모양 연
녹색·자주색·하늘색) 각 1개

| 완성품 크기 | 그림 참조

재단 배치도

● 본체

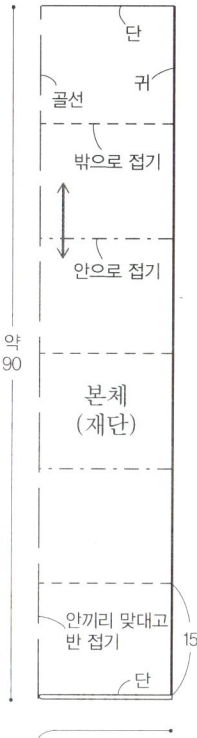

단
귀
골선
밖으로 접기
안으로 접기
본체
(재단)
약
90
안끼리 맞대고
반 접기
단
15
약 35

재단 배치도

● 모티프

본체의 책등   6
20   (재단)
약
90
주머니
11.5   7.5
10   (재단)
약 36

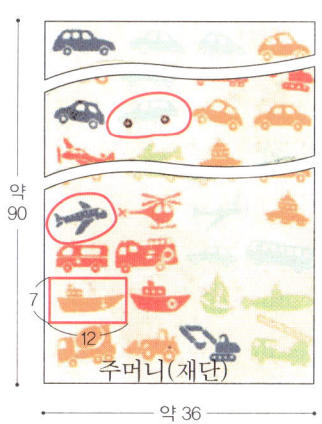

약
90
7
12
주머니(재단)
약 36

모티프는 여유 있게 자른다.

약
90
약 36

● How to make

1 본체를 만든다.

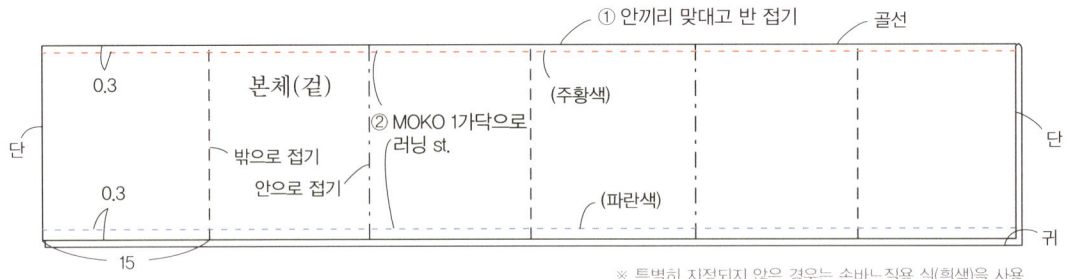

① 안끼리 맞대고 반 접기   골선

0.3

본체(겉)

(주황색)

단

② MOKO 1가닥으로 러닝 st.

밖으로 접기

안으로 접기

0.3

(파란색)

단

귀

15

※ 특별히 지정되지 않은 경우는 손바느질용 실(흰색)을 사용

2 모티프를 만든다.

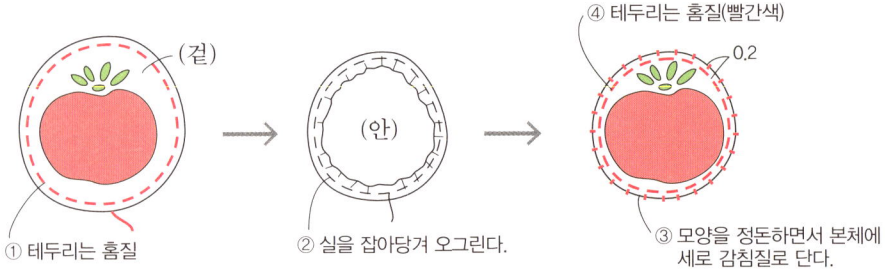

(겉)

① 테두리는 홈질

② 실을 잡아당겨 오그린다.

④ 테두리는 홈질(빨간색)

0.2

③ 모양을 정돈하면서 본체에 세로 감침질로 단다.

(안)

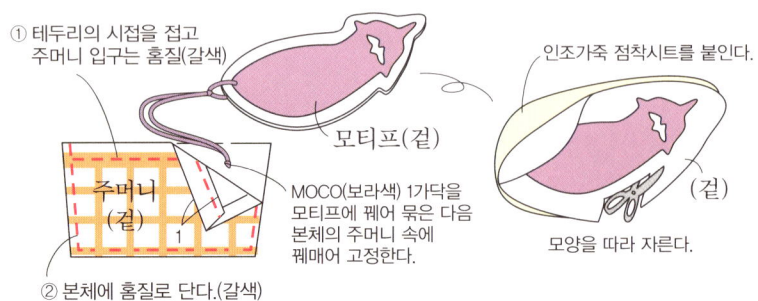

① 테두리의 시접을 접고 주머니 입구는 홈질(갈색)

모티프(겉)

인조가죽 점착시트를 붙인다.

주머니 (겉)

1

MOCO(보라색) 1가닥을 모티프에 꿰어 묶은 다음 본체의 주머니 속에 꿰매어 고정한다.

(겉)

모양을 따라 자른다.

② 본체에 홈질로 단다.(갈색)

3 본체에 모티프를 단다.

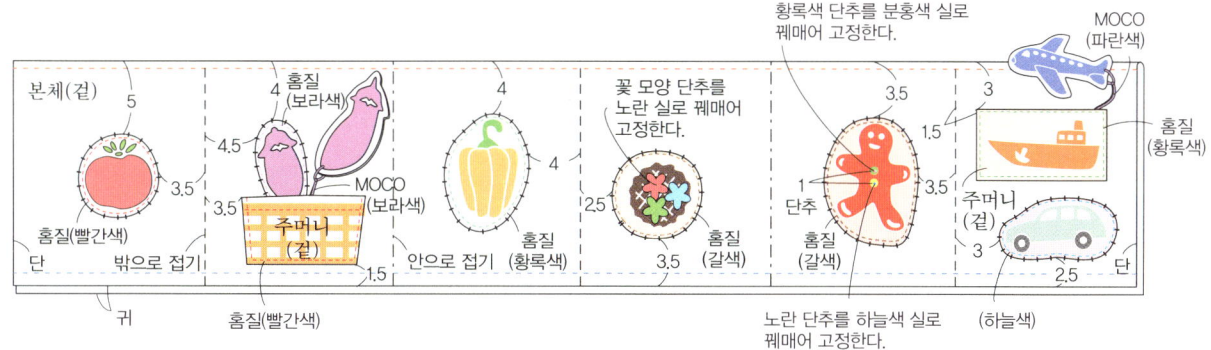

황록색 단추를 분홍색 실로
꿰매어 고정한다.

MOCO
(파란색)

본체(겉)   5

홈질
(보라색)   4

4.5

꽃 모양 단추를
노란 실로 꿰매어
고정한다.

3.5   3

4   1.5

홈질
(황록색)

3.5   4   3.5

MOCO
(보라색)

주머니
(겉)

홈질(빨간색)   3.5   2.5   1   단추

단

밖으로 접기   안으로 접기   홈질
(황록색)   홈질
(갈색)   홈질
(갈색)   주머니
(겉)   3

귀

홈질(빨간색)   3.5   2.5

노란 단추를 하늘색 실로
꿰매어 고정한다.   (하늘색)

4 본체를 접어 책등을 붙인다.

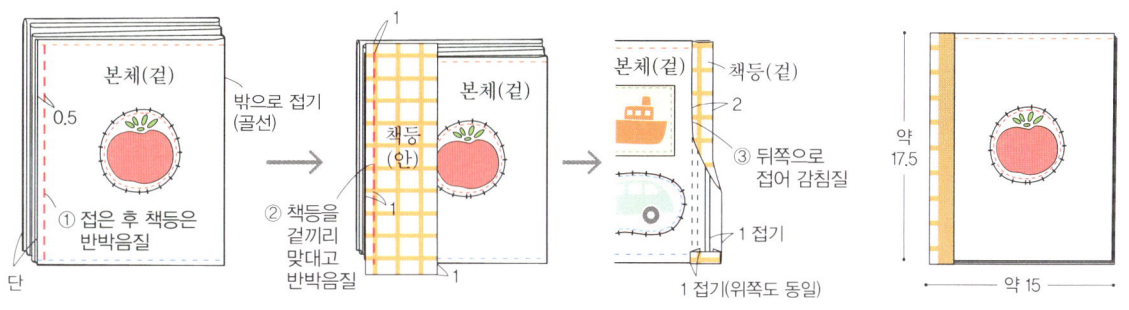

본체(겉)

0.5

밖으로 접기
(골선)

① 접은 후 책등은
반박음질

단

1

책등
(안)

본체(겉)

1

② 책등을
겉끼리
맞대고
반박음질

1

본체(겉)   책등(겉)

2

③ 뒤쪽으로
접어 감침질

1 접기

1 접기(위쪽도 동일)

약
17.5

약 15

주머니 달린 겉옷

주방수건

오른쪽 주머니에는 사이좋은 봉제 인형을,
왼쪽 주머니에는 달콤한 사탕을 넣을 수 있어요.
수박 무늬가 유쾌하네요.
사용 소재 주방수건

주머니 달린 겉옷

Ready to do

| **도안** | 패턴 B면

| **준비물** |

주방수건 : 거즈 약 36×90cm 2장

실 : 손바느질용 실(흰색·노란색)

기타 : 거즈 바이어스테이프(폭 12.7mm 흰색)
　　　　70cm, 고무테이프(폭 5mm) 70cm

| **완성품 크기** | 그림 참조

재단 배치도

□ 안의 숫자인 시접을 포함(단위는 cm)

How to make

1 주머니를 만들어 단다.

① 테두리의 시접을 접고
주머니 입구를 홈질(노란색)

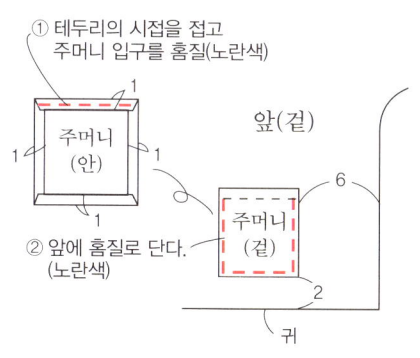

② 앞에 홈질로 단다.
(노란색)

2 어깨를 꿰맨다.

① 앞뒤를 겉끼리 맞대고
어깨는 되돌아 홈질(흰색)

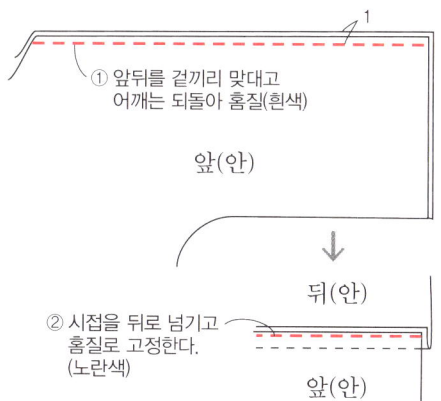

② 시접을 뒤로 넘기고
홈질로 고정한다.
(노란색)

3 목둘레에 바이어스테이프를 두른다.

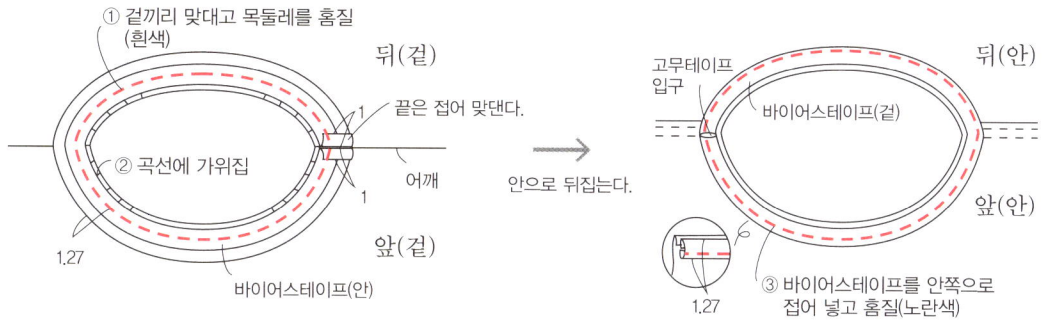

① 겉끼리 맞대고 목둘레를 홈질
(흰색)

② 곡선에 가위집

끝은 접어 맞댄다.

안으로 뒤집는다.

고무테이프
입구

바이어스테이프(겉)

③ 바이어스테이프를 안쪽으로
접어 넣고 홈질(노란색)

4 소매 옆선~몸판 옆선을 홈질

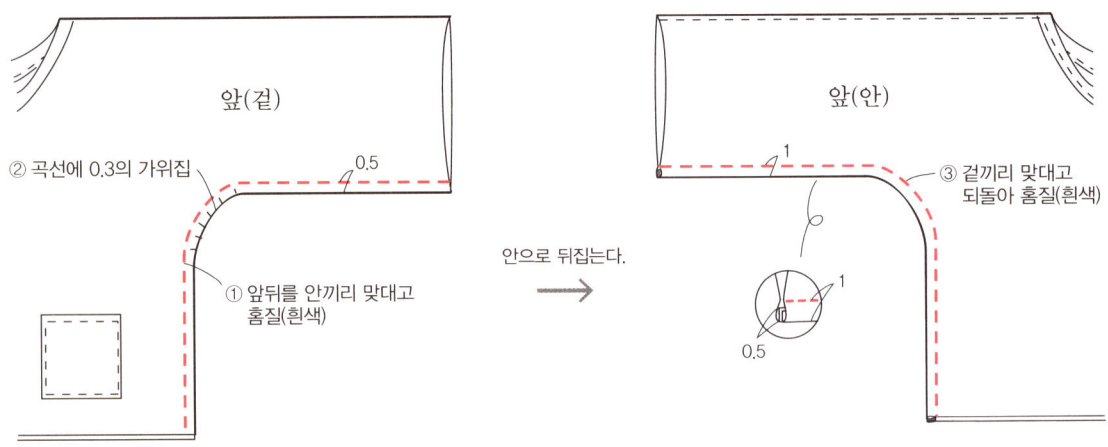

앞(겉)

② 곡선에 0.3의 가위집

0.5

① 앞뒤를 안끼리 맞대고
홈질(흰색)

안으로 뒤집는다.

앞(안)

1

③ 겉끼리 맞대고
되돌아 홈질(흰색)

0.5

5 소맷부리를 꿰매고 목둘레와 소맷부리에 고무테이프를 끼운다.

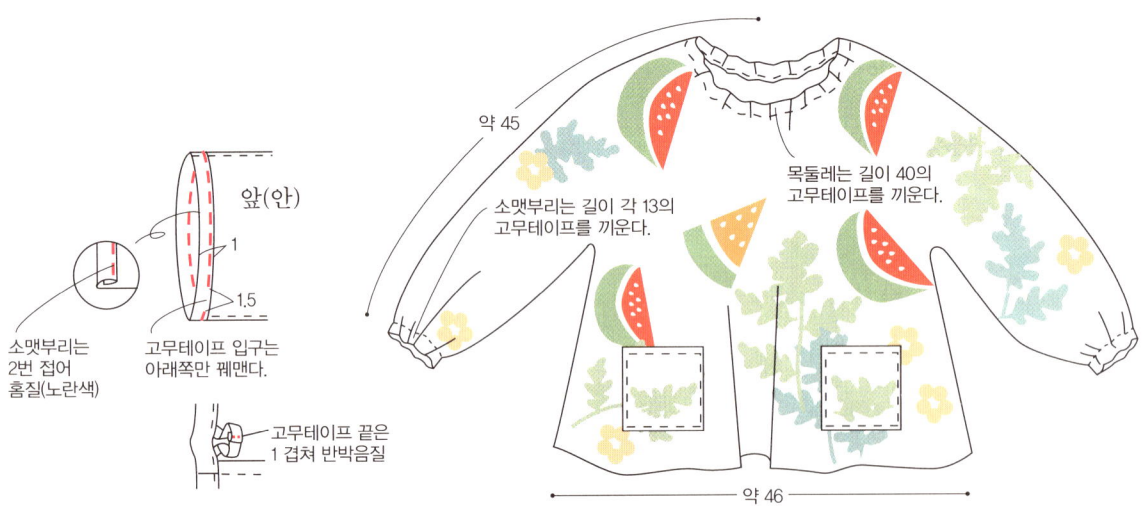

앞(안)

1

1.5

소맷부리는
2번 접어
홈질(노란색)

고무테이프 입구는
아래쪽만 꿰맨다.

고무테이프 끝은
1 겹쳐 반박음질

약 45

소맷부리는 길이 각 13의
고무테이프를 끼운다.

목둘레는 길이 40의
고무테이프를 끼운다.

약 46

목욕을 끝낸 아기의 몸을 폭 감싸 주세요.
페이스 타월을 이용한 직선으로 꿰맨 가운입니다.
사용 소재 페이스 타월

목욕 가운

| 도안 | 테두리 제도만
| 준비물 |
수건 : 페이스 타월 약 35×85cm 2장,
　　　약 35×40cm 1장
실 : 손바느질용 실(표백하지 않은 실·갈색)
기타 : 니트테이프(폭 11mm 베이지색) 330cm
| 완성품 크기 | 그림 참조

재단 배치도

□ 안의 숫자인 시접을 포함(단위는 cm)

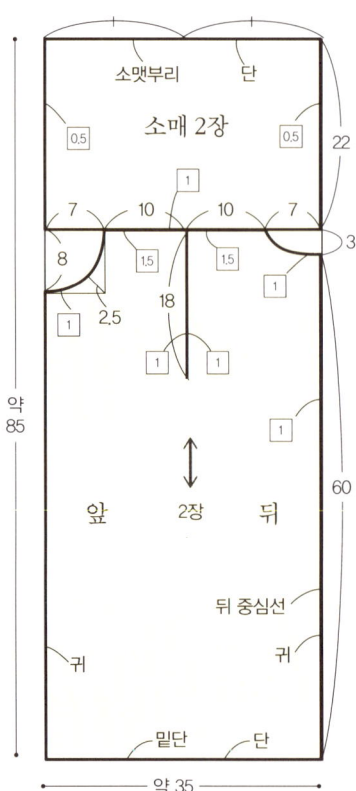

소맷부리　단

소매 2장

0.5　0.5　22

7　10　1　10　7　3

8　1.5　1.5　1

1　2.5　18　1

1　1

1

약 85

앞　2장　뒤

60

뒤 중심선

귀　귀

밑단　단

약 35

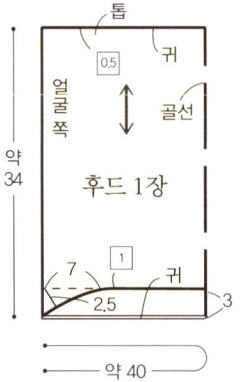

톱　귀

얼굴쪽　0.5　골선

후드 1장

약 34

7　1　귀

2.5　3

약 40

　※ 지정하지 않은 것은 표백하지 않은 실을 사용한다.

1 뒤 중심선을 꿰맨다.

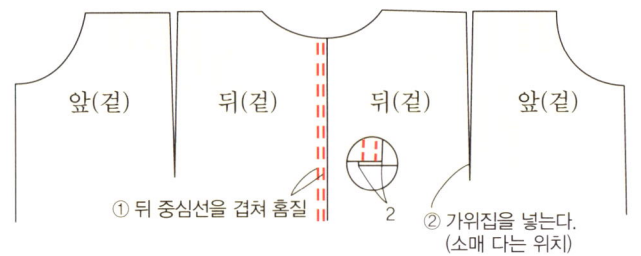

앞(겉)　뒤(겉)　뒤(겉)　앞(겉)

① 뒤 중심선을 겹쳐 홈질

2

② 가위집을 넣는다.
(소매 다는 위치)

2 어깨를 꿰맨다.

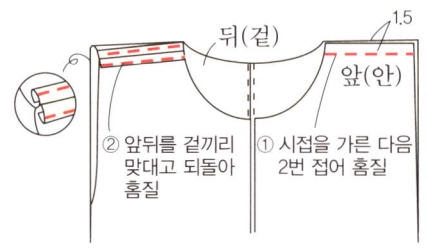

뒤(겉)　1.5

앞(안)

② 앞뒤를 겉끼리
맞대고 되돌아
홈질

① 시접을 가른 다음
2번 접어 홈질

③ 소매를 만들고 몸판에 붙인다.

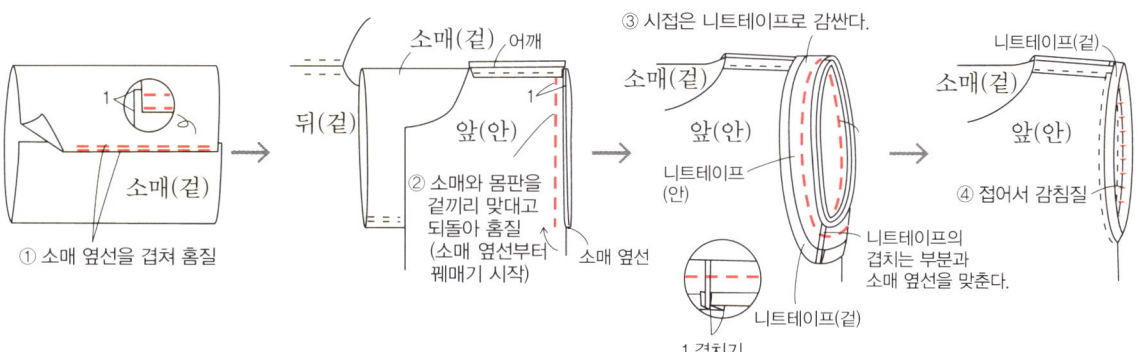

① 소매 옆선을 겹쳐 홈질

소매(겉) 어깨
뒤(겉)
앞(안)

② 소매와 몸판을
겉끼리 맞대고
되돌아 홈질
(소매 옆선부터
꿰매기 시작)

소매 옆선

③ 시접은 니트테이프로 감싼다.

소매(겉)
앞(안)
니트테이프(안)

니트테이프의
겹치는 부분과
소매 옆선을 맞춘다.

니트테이프(겉)

1 겹치기

니트테이프(겉)
소매(겉)
앞(안)

④ 접어서 감침질

④ 후드를 만들어 몸판에 붙인다.

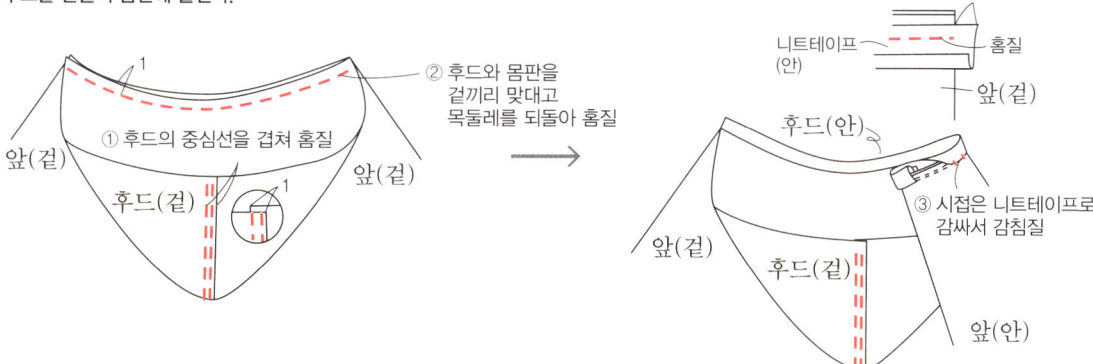

① 후드의 중심선을 겹쳐 홈질

앞(겉)   앞(겉)
후드(겉)

② 후드와 몸판을
겉끼리 맞대고
목둘레를 되돌아 홈질

1 낸다.
니트테이프(안)   홈질
앞(겉)

후드(안)
앞(겉)
후드(겉)

③ 시접은 니트테이프로
감싸서 감침질

앞(안)

⑤ 뒤에 고리를 단다.

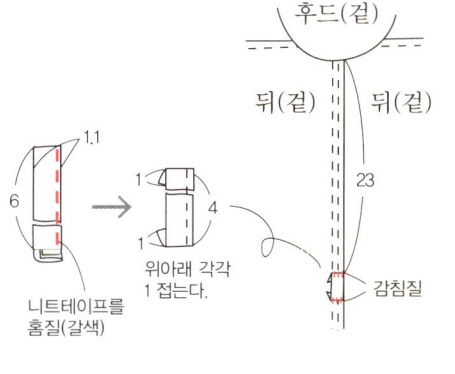

후드(겉)

뒤(겉)   뒤(겉)

23

감침질

6

1.1
위아래 각각
1 접는다.
1
4
1

니트테이프를
홈질(갈색)

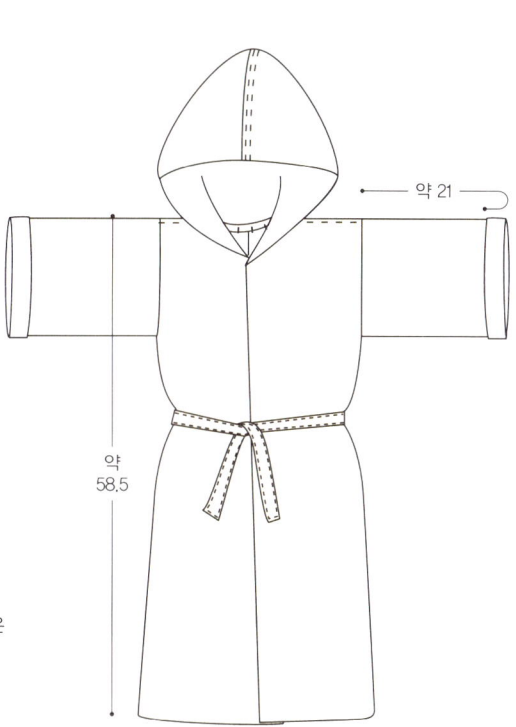

약 21

약
58.5

약 34

⑥ 벨트를 만든다.

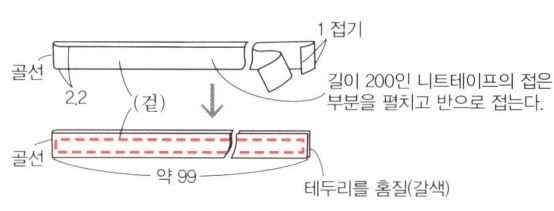

골선
2.2
(겉)

1 접기

길이 200인 니트테이프의 접은
부분을 펼치고 반으로 접는다.

골선
약 99

테두리를 홈질(갈색)

쉽게 배우는 손바느질

만들기 과정이 사진으로 수록되어 있습니다.

처음 하는 손바느질도 쉽게 따라할 수 있어요.

동물 턱받이

수건

A

B

C

손수건 크기의 타월을 사용하면 턱받이를 간단히 만들 수 있습니다.
초보자에게는 자른 면을 바이어스테이프로 감싸는 방법을 추천합니다.
사용 소재 타월 손수건

턱받이 A 타입

● Ready to do

| 도안 | 패턴 A면

| 준비물 |

수건 : 타월 손수건 약 25×25cm 1장

실 : 손바느질용 실(황록색)

기타 : 니트테이프(폭 11mm 황록색) 약 100cm, 프리 매직 스냅(직경 22mm 흰색) 1쌍

| **완성품 크기** | 완성 사진 참조

※ 이 레슨에서는 알아보기 쉽도록 눈에 띄는 색상의 실과 원단을 사용하고 있습니다.
　실제로 만들 때는 수건과 같은 색상의 손바느질용 실을 사용하세요.

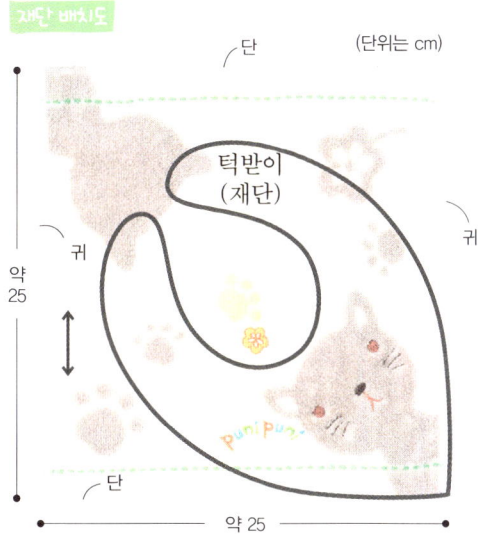

재단 배치도

단　　　(단위는 cm)

턱받이
(재단)

귀　　　　　귀

약
25

단

약 25

● How to make

(겉)

01. 수건 겉면에 패턴을 놓고 시침핀으로 고정한 후 수성펜으로 테두리를 따라 그린다.

02. 패턴을 떼고 선을 따라 자른다.

03. 재단한 상태

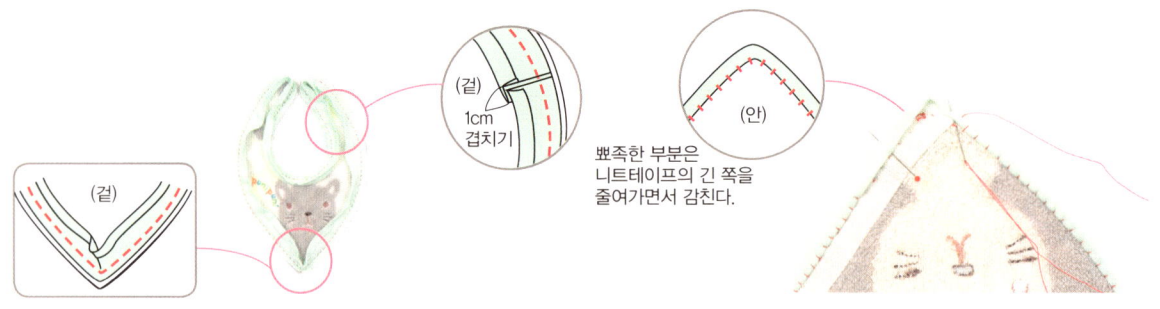

뾰족한 부분은
니트테이프의 긴 쪽을
줄여가면서 감친다.

04. 수건과 니트테이프를 겉면끼리 맞
대고 시작과 끝을 1cm 겹치게 놓는
다. 니트테이프의 접힌 선 위를 홈
질로 꿰맨다.

05. 안쪽으로 뒤집어 수건 끝을 감싸고
감침질로 꿰맨다. 뾰족한 부분은 니
트테이프를 모양에 맞춰 세심하게
꿰맨다.

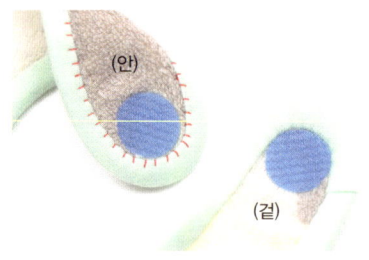

06. 다 꿰맨 상태(안)

07. 프리 매직 스냅에 천을 댄 후 다리
미를 중간 온도에 맞춰 붙인다.

※ 프리 매직 스냅의 구입이 어렵다면 시중에 판
매하는 벨크로테이프를 활용해 주세요.

08. 7과 마찬가지로 겉면에도 프리 매
직 스냅을 다림질로 붙인다.

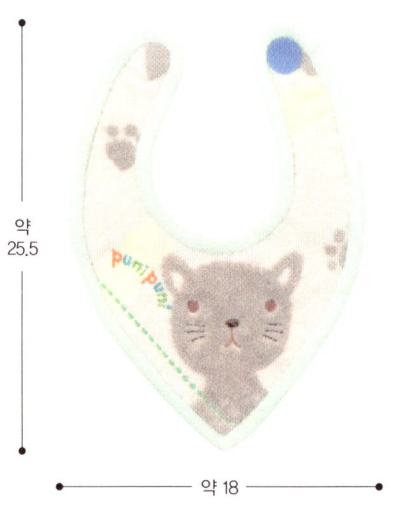

약
25.5

약 18

↕ 턱받이 완성

턱받이 A

Ready to do

| **도안** | 패턴 A면

| **준비물** |
수건 : 타월 손수건 약 25×25cm 1장
실 : 손바느질용 실(녹색)
기타 : 니트테이프(폭 11mm 황록색) 약 100cm, 프리 매직 스냅(직경 22mm 흰색) 1쌍

| **완성품 크기** | 그림 참조

재단 배치도

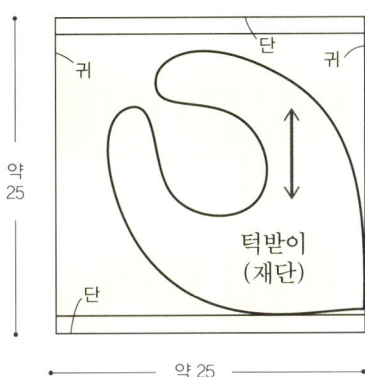

귀 단 귀

약 25

턱받이
(재단)

단

※ p.91의 Lesson 1 참조

약 25

How to make

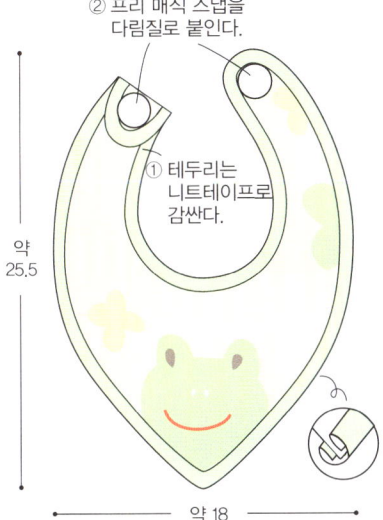

② 프리 매직 스냅을
다림질로 붙인다.

① 테두리는
니트테이프로
감싼다.

약 25.5

약 18

턱받이 B

Ready to do

| **도안** | 패턴 A면

| **준비물** |

수건 : 타월 손수건 약 34×35cm 1장
실 : 손바느질용 실(노란색)
기타 : 니트테이프(폭 11mm 노란색) 약 100cm,
프리 매직 스냅(직경 22mm 분홍색) 1쌍

| **완성품 크기** | 그림 참조

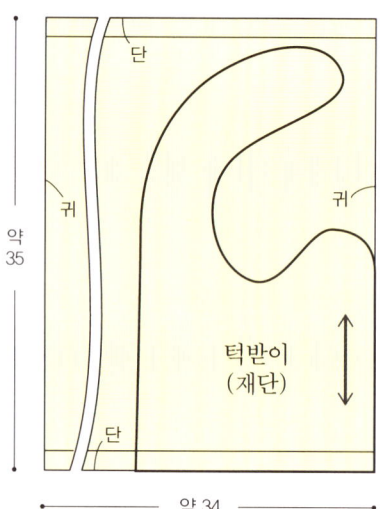

재단 배치도

단

귀

귀

약 35

턱받이
(재단)

단

약 34

How to make

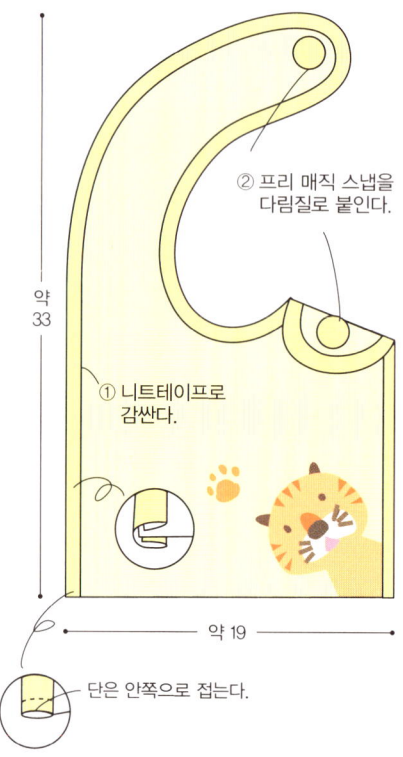

② 프리 매직 스냅을
다림질로 붙인다.

약 33

① 니트테이프로
감싼다.

약 19

단은 안쪽으로 접는다.

턱받이 C

● Ready to do

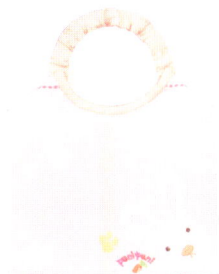

| 도안 | 패턴 A면
| 준비물 |
수건 : 타월 손수건 약 25×25cm 1장
실 : 손바느질용 실(분홍색)
기타 : 니트테이프(폭 11mm 연분홍색) 약 90cm,
　　　고무테이프(폭 5mm) 25cm
| 완성품 크기 | 그림 참조

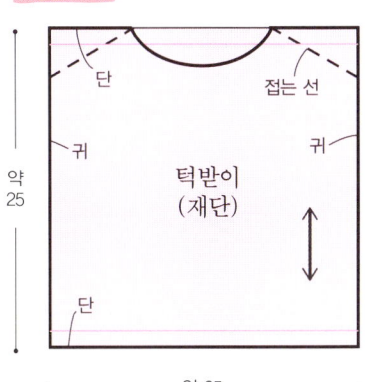

단
접는 선
귀
귀
약 25
턱받이
(재단)
단
약 25

● How to make

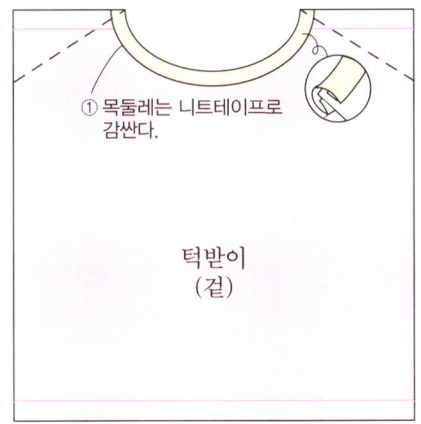

① 목둘레는 니트테이프로
　감싼다.

턱받이
(겉)

니트테이프의 중심에 고무테이프를 꿰매어 고정한다.

0.5
고무테이프 길이 22
70
2.2

(겉)
골선

안끼리 맞대고 반으로 접은
다음 양옆은 홈질한다.

고무테이프를
잡아당겨 오그리고
꿰맨 다음 여분의
고무테이프는 자른다.

25

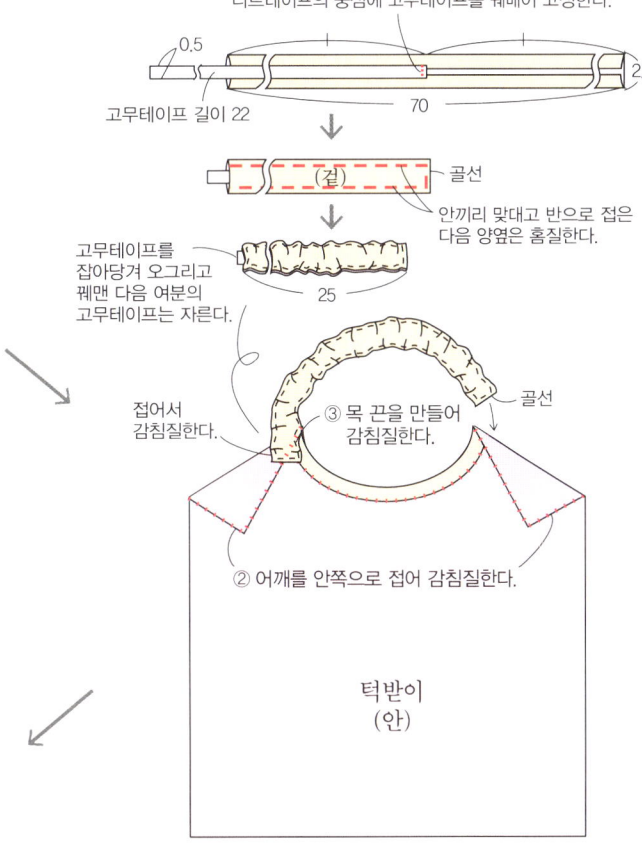

접어서
감침질한다.

③ 목 끈을 만들어
　감침질한다.

골선

② 어깨를 안쪽으로 접어 감침질한다.

턱받이
(안)

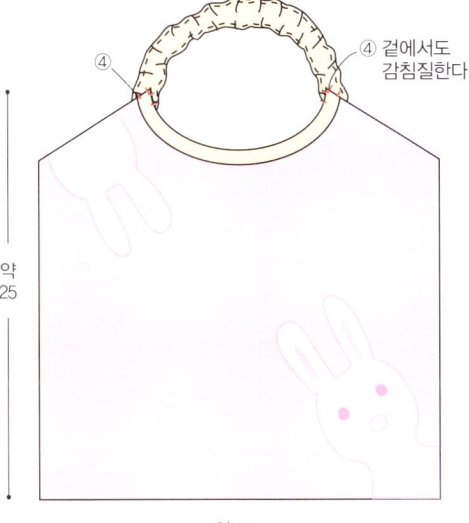

④
④ 겉에서도
　감침질한다.

약 25

약 25

롬퍼스와 모자

주방수건

뒤를 크게 터놓아 쉽게 갈아입을 수 있습니다.
허리 양옆에 고무줄을 넣어 멋을 냈어요.
레슨을 보면서 꼭 만들어 보세요.
사용 소재 주방수건

롬퍼스

● Ready to do

| **도안** | 패턴 B면

| **준비물** |
주방수건 : 거즈 약 36×90cm 2장
       (모자의 챙 1장 포함)
실 : 손바느질용 실(파란색)
기타 : 줄 스냅 단추 약 10cm, 고무테이프
      (폭 5mm) 70cm

| **완성품 크기** | 완성 사진 참조

□ 안의 숫자인 시접을 포함(단위는 cm)

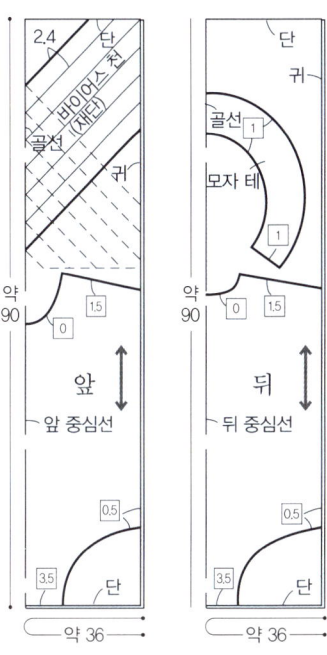

바느질 순서

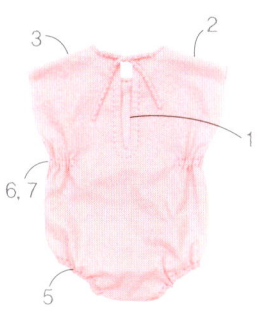

※ 이 레슨에서는 알아보기 쉽도록 눈에 띄는 색상의 실을 사용하고 있습니다.
   실제로 만들 때는 수건과 같은 색상의 실을 사용하세요.

※ 모자의 또 1장의 챙과 톱 부분은 주방수건 1
   장으로 재단한다.(모자 만드는 방법은 p.102
   참조)

● How to make

01. 재단 배치도를 참조하여 패턴을 놓고 선을 따라 자른다.

02. 천을 45도로 접어 선을 만든다.

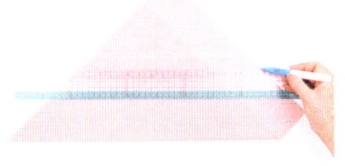

03. 접은 선에 맞춰 자를 대고 바이어스 폭(2.4cm)만큼 평행선을 여러 개 표시한 후 선을 따라 자른다.

Point 바이어스란 '비스듬한'이라는 의미로, 천을 45도 각도로 재단한 것을 '정바이어스'라고 한다. 바이어스테이프는 '정바이어스'로 자른 천으로 만든 테이프이며 사선으로 늘어나는 성질을 활용하여 깃이나 소매 등에 사용한다.

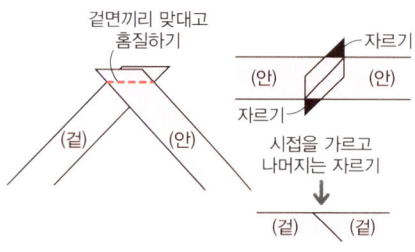

04. 바이어스 천은 필요한 길이에 맞게 적당히 연결한다.

바이어스 천을 바이어스 메이커에 넣어 바늘로 입구까지 밀어낸 후 입구에서 천천히 빼내면서 다림질로 접는다. 1.2cm 폭의 바이어스테이프를 완성한다.

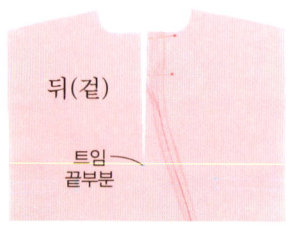

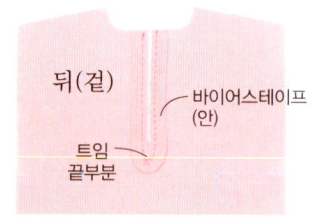

05. 뒷면 네크라인의 중앙에 16cm의 가위집을 넣는다.

06. 가위집을 따라 바이어스테이프를 시침핀으로 고정한다.

07. 바이어스테이프를 홈질한다. 트임 끝부분의 곡선은 촘촘하게 홈질한다.

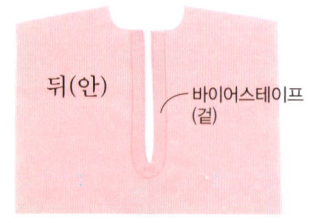

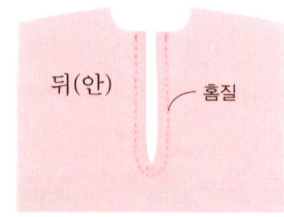

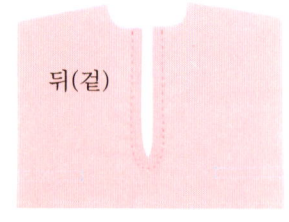

08. 바이어스테이프를 안쪽으로 접어 넣는다.

09. 바이어스테이프를 홈질한다.

10. 뒤트임이 완성되었다.

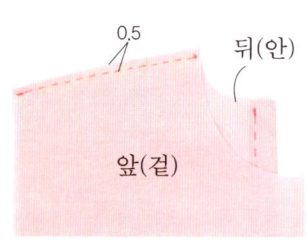

11. 앞·뒤를 안쪽끼리 맞대고 어깨를 홈질한다.

12. 시접을 손톱 다림질로 가른다.

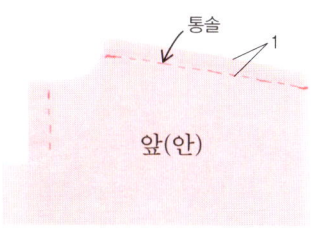

13. 앞·뒤를 다시 겉끼리 맞대고 되돌아 홈질한다. 시접은 뒤쪽으로 넘긴다.

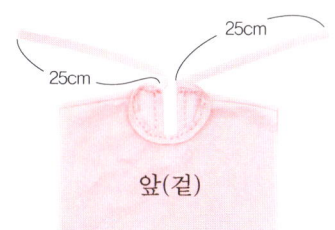

14. 목둘레에 바이어스테이프를 겉끼리 맞대고 홈질한다.

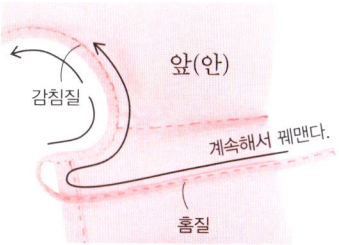

15. 끈 부분은 바이어스테이프를 안쪽으로 접어 홈질하고 목둘레는 감침질로 꿰맨다.

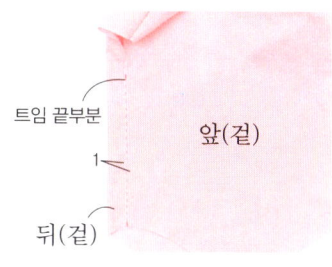

16. 옆선은 수건의 귀를 이용하고 뒷면에 앞면을 1cm 겹쳐 트임 끝부분까지 홈질로 꿰맨다.

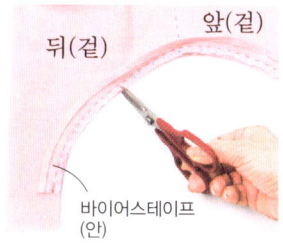

17. 옷단에 바이어스테이프를 겉끼리 맞대고 홈질한 후 곡선에 가위집을 넣는다.

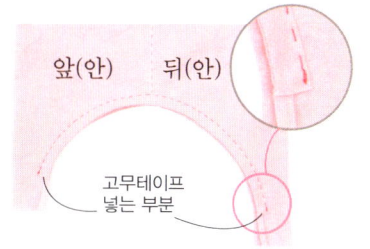

18. 바이어스테이프를 안쪽으로 접어 넣고 홈질한다.

19. 고무테이프의 25cm 되는 곳에 표시를 한다.

20. 표시한 부분은 시침핀으로 고정하고, 고무테이프를 자르지 않고 넣는다.

21. 고무테이프를 넣은 후 고무테이프의 양끝을 앞·뒤에 꿰매고 자른다.

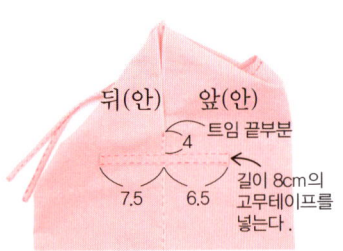

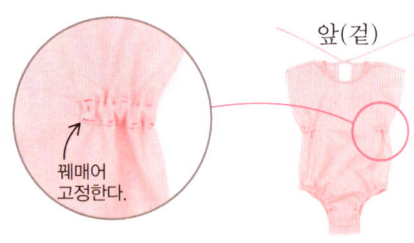

22. 15cm짜리 바이어스테이프를 2개 준비하여 양 끝을 0.5cm 접고, 몸판에 안쪽 끼리 맞댄다. 앞·뒷판의 양옆을 홈질로 꿰매고 고무테이프를 넣는다. 양 끝은 꿰매어 고정한다.

23. 양옆에 고무테이프가 들어가 주름 이 잡혔다.

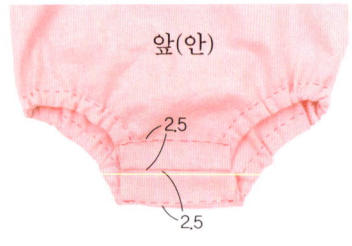

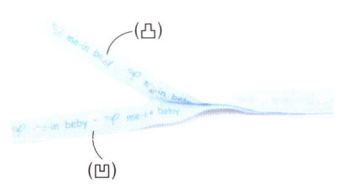

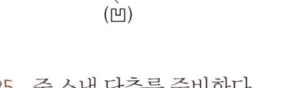

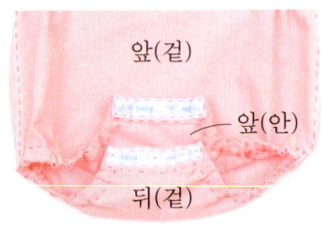

24. 앞·뒤의 가랑이는 1cm · 2.5cm로 3 번 접어 홈질로 꿰맨다.

25. 줄 스냅 단추를 준비한다.

26. 가랑이 앞면 안에 (凸), 뒷면 겉에 (凹)를 3번 접은 부분에 대고 줄 스 냅 단추의 양끝을 접어 넣은 후 홈 질한다.

약 18.5

약 42

약 36

롬퍼스 완성

모자

Ready to do

| **도안** | 패턴 A면

| **준비물** |

수건 : 거즈 약 36×90cm 2장
실 : 손바느질용 실(파란색)
기타 : 고무테이프(폭 5mm) 7cm,
　　　　모자용 사이즈 테이프(폭 2.5cm) 54cm,
　　　　얇은 접착심 35×35cm

| **완성품 크기** | 그림 참조

※ 테의 나머지 1장은 롬퍼스를 만든 수건에 재단한다.
　(p.97 참조)

재단 배치도

□ 안의 숫자인 시접을 포함(단위는 cm)

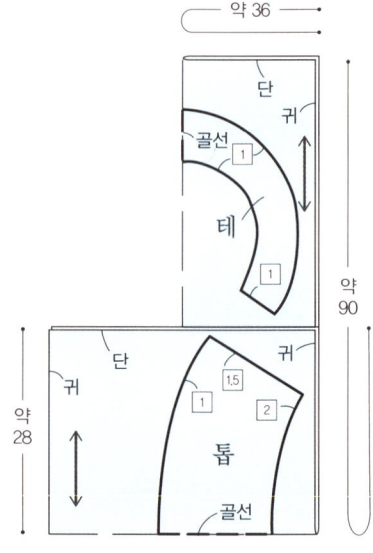

How to make

1 톱을 만든다.

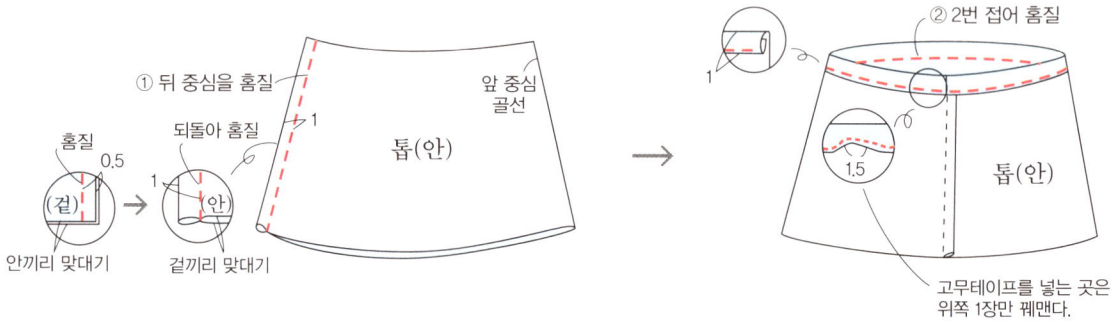

2 테를 만든다.

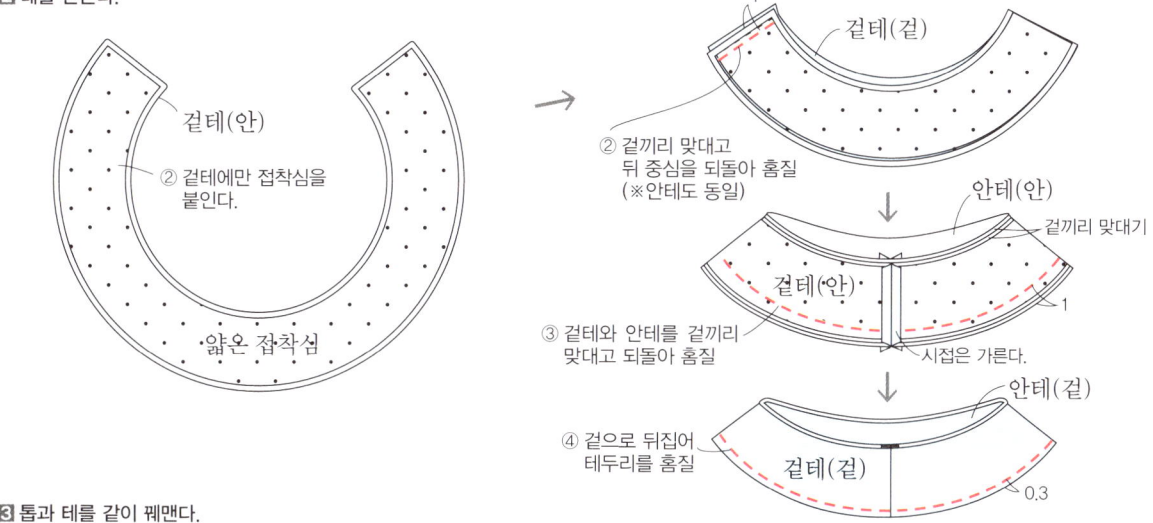

겉테(안)

② 겉테에만 접착심을 붙인다.

얇은 접착심

② 겉끼리 맞대고 뒤 중심을 되돌아 홈질 (※안테도 동일)

겉테(겉)

1

안테(안)

겉끼리 맞대기

겉테(안)

③ 겉테와 안테를 겉끼리 맞대고 되돌아 홈질

시접은 가른다.

1

안테(겉)

④ 겉으로 뒤집어 테두리를 홈질

겉테(겉)

0.3

3 톱과 테를 같이 꿰맨다.

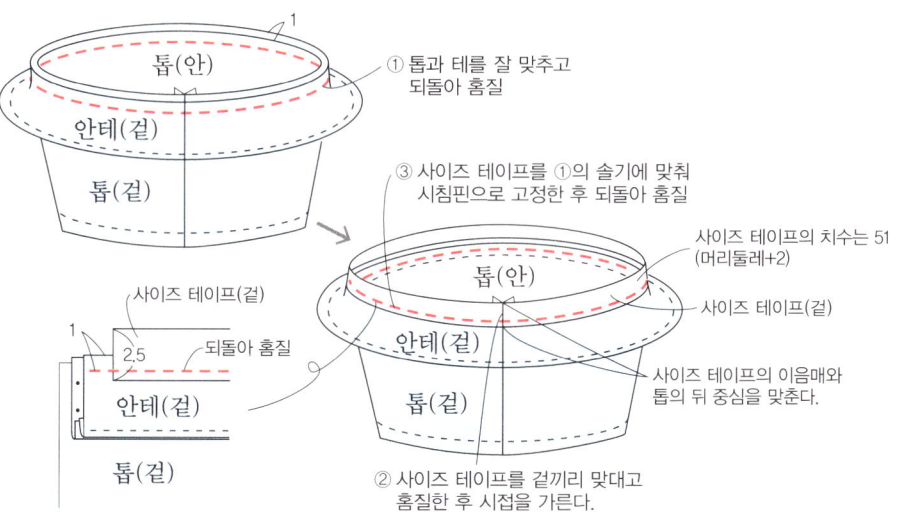

1

톱(안)

① 톱과 테를 잘 맞추고 되돌아 홈질

안테(겉)

톱(겉)

③ 사이즈 테이프를 ①의 솔기에 맞춰 시침핀으로 고정한 후 되돌아 홈질

사이즈 테이프의 치수는 51 (머리둘레+2)

톱(안)

사이즈 테이프(겉)

사이즈 테이프의 이음매와 톱의 뒤 중심을 맞춘다.

사이즈 테이프(겉)

1

2.5

되돌아 홈질

안테(겉)

안테(겉)

톱(겉)

톱(겉)

② 사이즈 테이프를 겉끼리 맞대고 홈질한 후 시접을 가른다.

4 고무테이프를 끼운다.

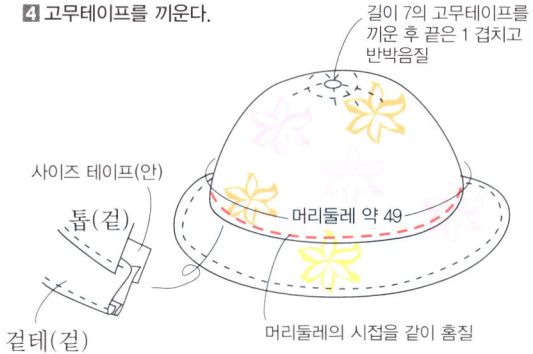

길이 7의 고무테이프를 끼운 후 끝은 1 겹치고 반박음질

사이즈 테이프(안)

톱(겉)

머리둘레 약 49

겉테(겉)

머리둘레의 시접을 같이 홈질

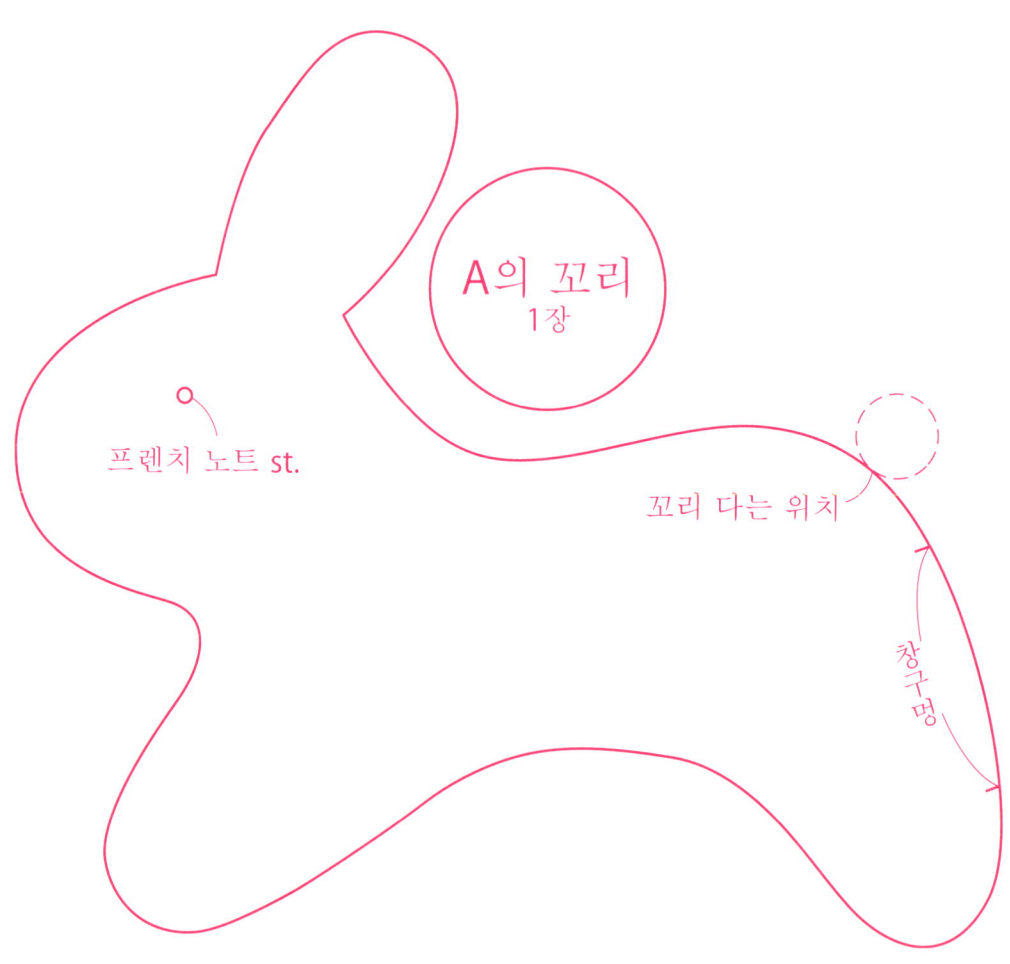

동물 마스코트 A
2장

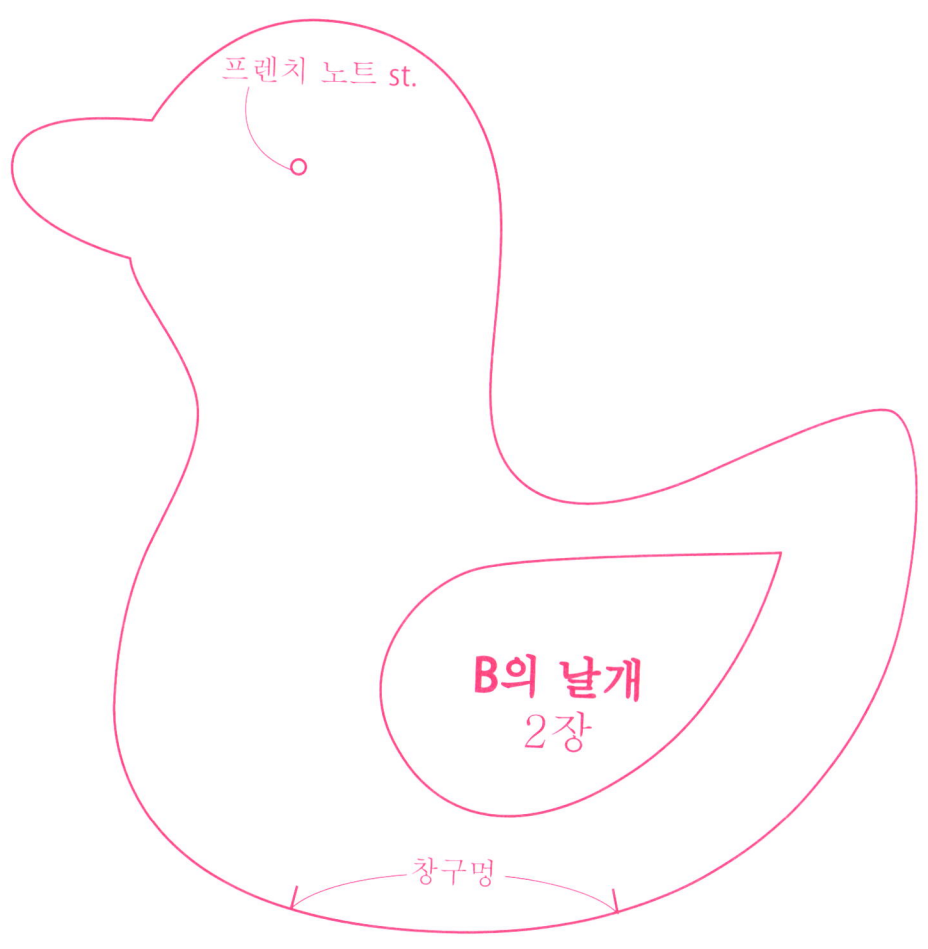

프렌치 노트 st.

B의 날개
2장

창구멍

동물 마스코트 B
2장

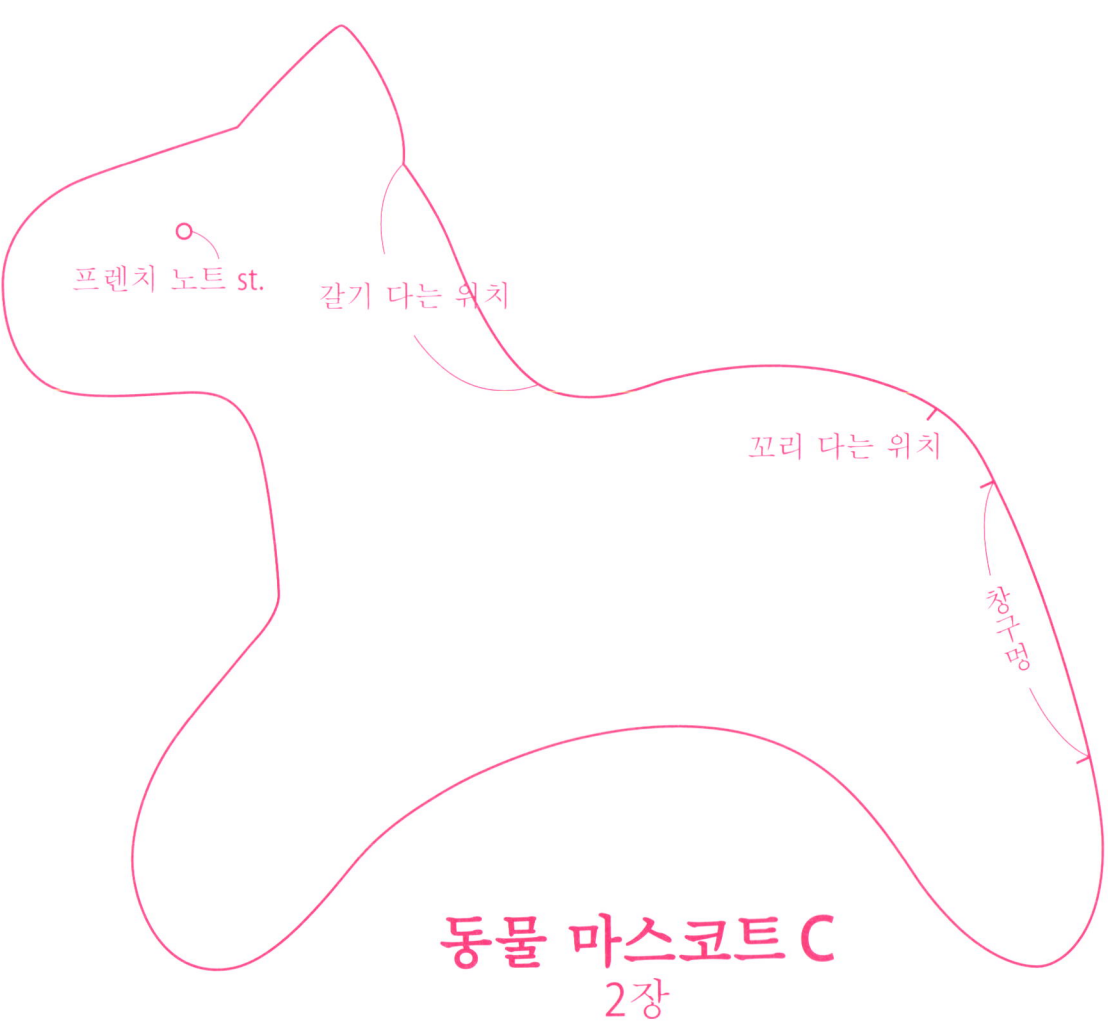

프렌치 노트 st.

갈기 다는 위치

꼬리 다는 위치

창구멍

동물 마스코트 C
2장

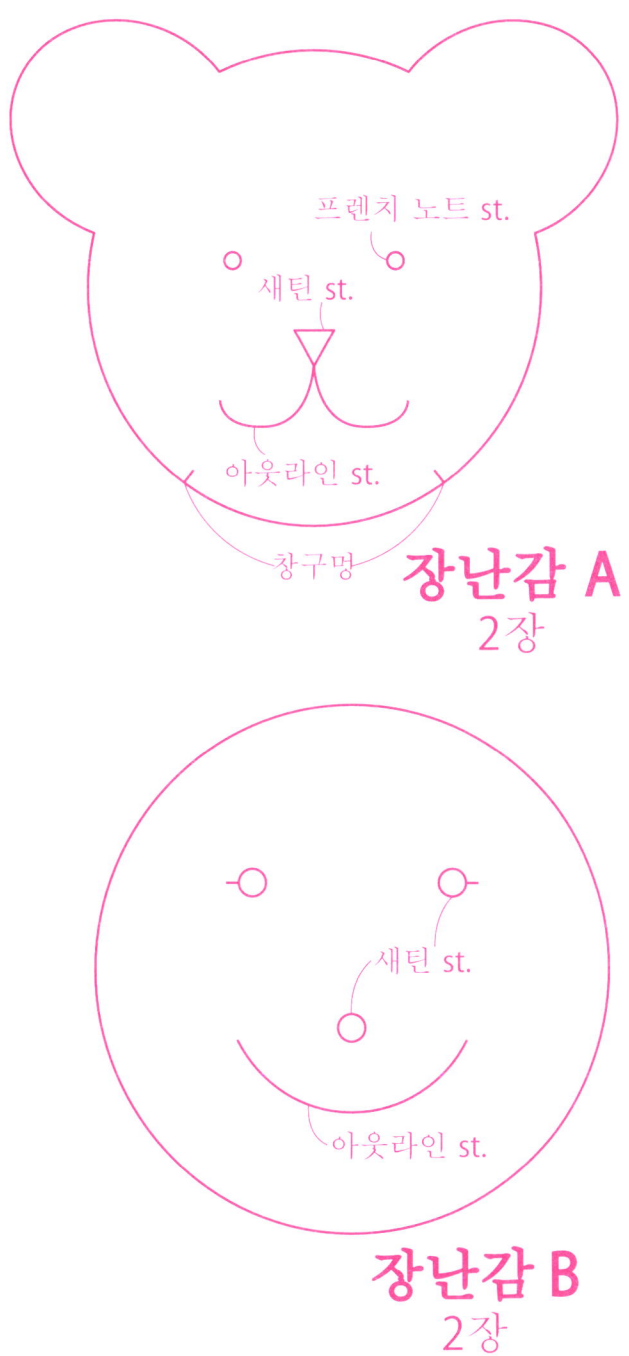

프렌치 노트 st.

새틴 st.

아웃라인 st.

창구멍

장난감 A
2장

새틴 st.

아웃라인 st.

장난감 B
2장

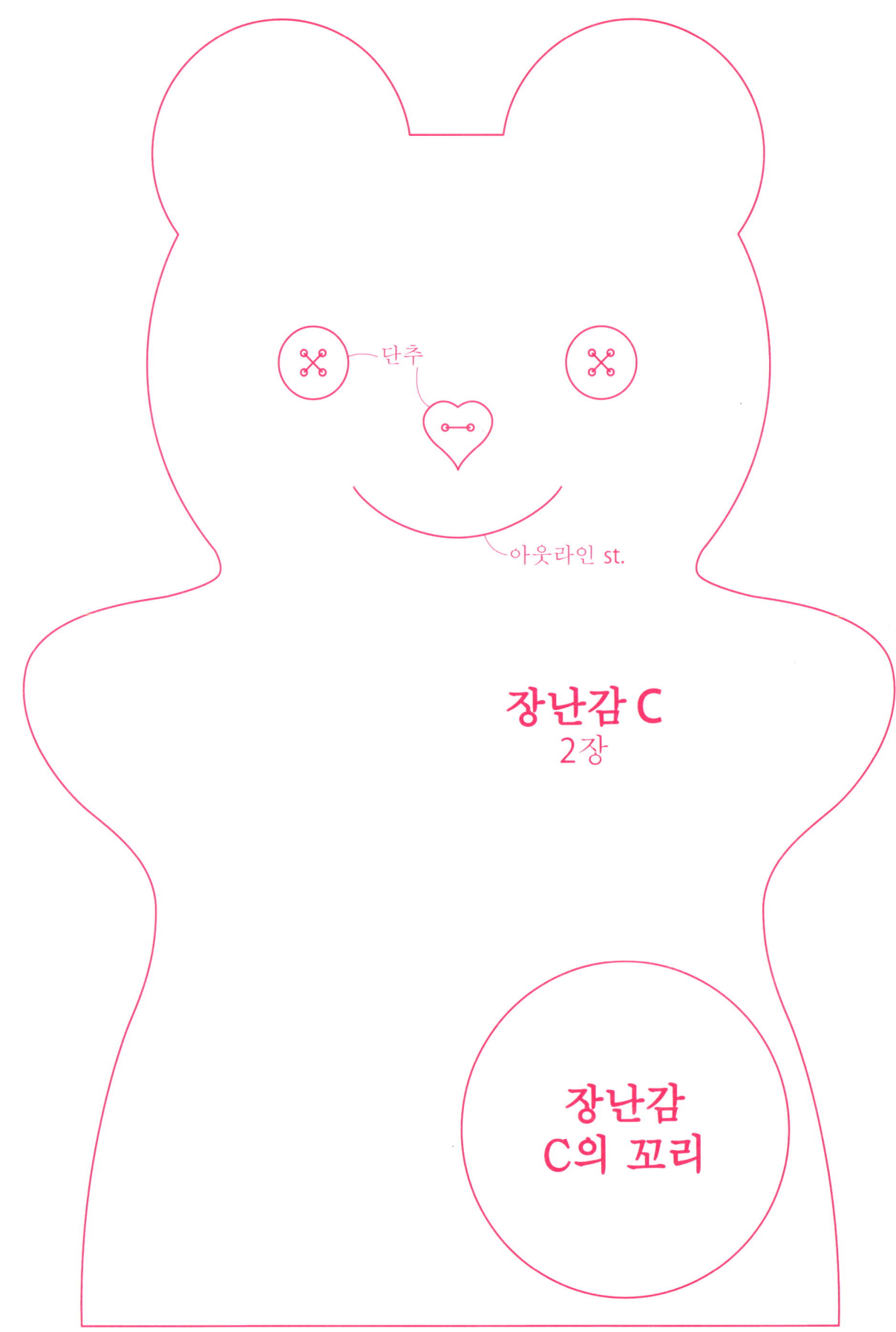

단추

아웃라인 st.

장난감 C
2장

장난감
C의 꼬리

끈 끼우는 곳

분홍색 모자
2장

끈 끝부분
장식
2장

골선

접는 부분

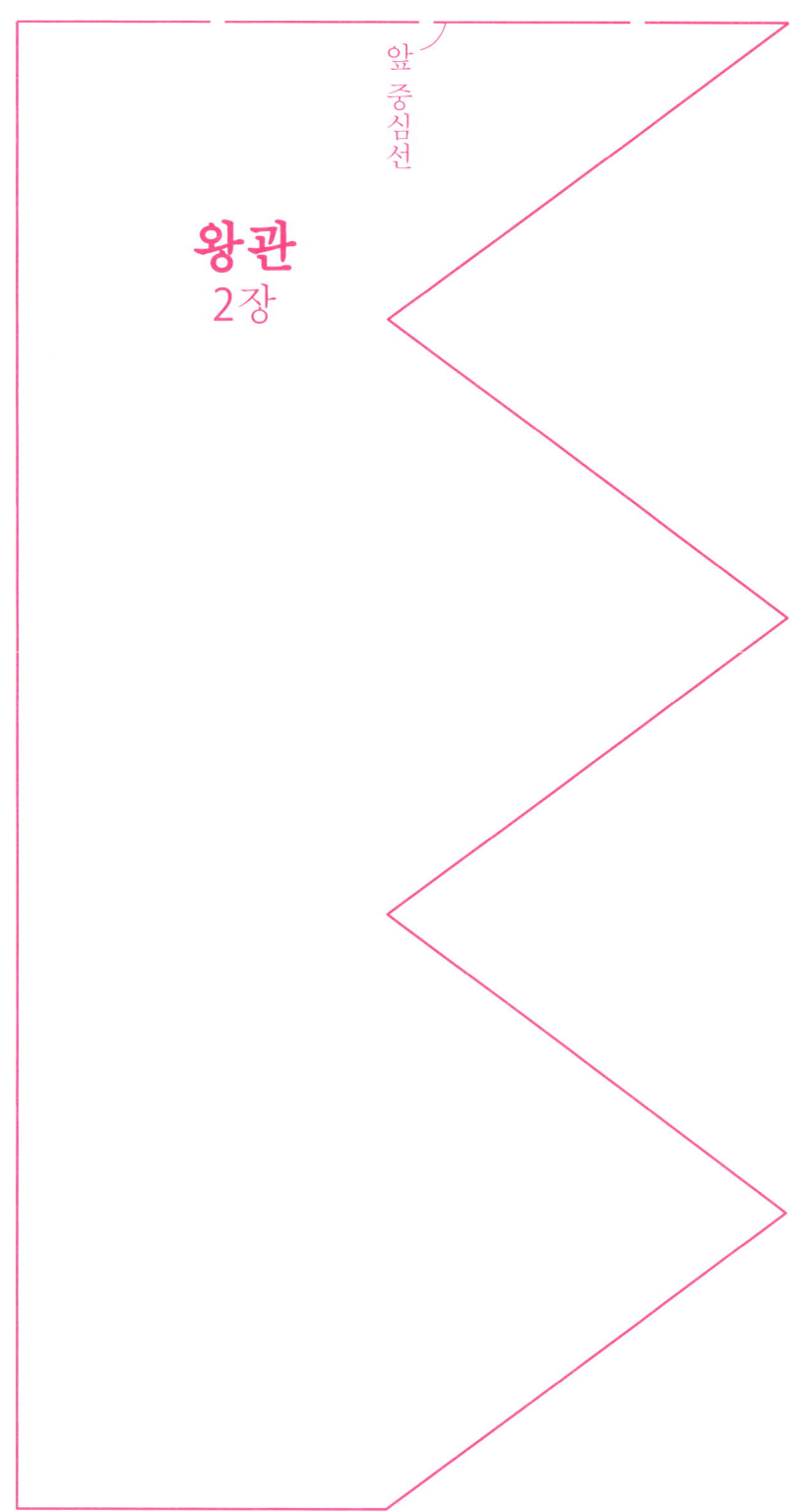

앞 중심선

왕관
2장